老得好

人生冬天的景緻

葉雅馨—總編輯

目錄

「老」得好——人生冬天的景緻

3 助「迷路」的他找回方向

4 第二人生，整裝再出發

5 黃金時代，「老」得好

6 知老、習老，樂齡而自在

出版序一

蓄勢待發迎樂齡

文／**張博雅**（董氏基金會董事長）

古有云：「人生七十古來稀。」在我們平均壽命已達81.3歲的當今社會，活到七十餘歲已不是件稀奇的事。基本上，屆退休年齡後，我們至少還有二、三十年的「第二人生」。卸下養兒育女、職場工作的責任後，讓自己過得清閑自在，樂享老後，許多人認爲是自然而然的過程，然而「好好老」是需要預備、也需要學習。

國發會推估，台灣將在2025年邁入超高齡社會，每五人有一人年滿六十五歲以上，因應此變化，政府及民間團體紛紛推展各式各樣的照護與服務措施，例如長照服務、養生村、全人照護……台灣還有上千個樂齡學習社團，民衆對於高齡醫療照護、高齡飲食、高齡居住環境、高齡運動及高齡學習等面向關注度提高、也容易找相關資源。但是，老後生活，不只需照顧身體層面、起居環境，更要好好「養心」！

根據衛福部資料，2020年台灣六十五歲以上的自殺率占所有自殺人口的26.6%，爲所有年齡層中占比最高，且連續二十五年皆居於首位。世界衛生組織2021年也指出，全世界六十歲以上者，20%有心理和神經系統的問題，其中有憂鬱和失智疾患占5%至7%，焦慮患者則占3.8%。會造成年長者自殺、產生身心疾病的主要誘發因素之一就是老化過程中必會經歷的失落感，包括體力、聽力、視力、腦力衰退的健康失落；喪偶喪親喪友的情感支持失落；以及退休、或搬家、經濟困難或不會使用新科技產品等外在環境引發的失落。

失去與失落的過程，對高齡者的生活、身心健康都將帶來巨大挑戰。因此，寶佳基金會與我們合作出版《「老」得好——人生冬天的景緻》，透過書中受訪者的失落經驗分享，專家的因應建議，能讓中高齡者及陪伴者深入了解誘發老年憂鬱症的高風險因子與處遇作法，尤其是面對衝擊最大的喪偶失落，當事人經歷那些情緒與身心反應、復原階段，陪伴者要如何和其溝通互動，如何陪伴其度過哀慟期等等，本書提供的資訊，必能讓讀者心有所感。

「老」是每個人必經階段，如同我們養育孩子時會學著了解嬰幼兒、青春期各階段發展過程，學習怎麼陪伴孩子好好成長；我們也需要學習老、預備老，從中壯年時期就積極促進老後的心理健康，才能讓自己好好老，當個快樂的老人。

合作出版序二 不要封閉自己，一切都有可能

文／賴進祥（寶佳公益慈善基金會董事長）

全世界的人口正快速高齡化。世界衛生組織指出，從2015年到2050年，短短三十五年之間，世界上六十歲以上人口比例，將會從12%成長至22%。不論現在的你是否年滿六十，從今起到未來二、三十年甚至更久以後，必成爲銀髮族或要照顧與陪伴銀髮族的一員，因此我們對於老人經常面臨的憂鬱症問題，必須具有基本的認知與瞭解。

有鑑於此，在六年前，我們寶佳基金會就和董氏基金會合作，共同致力推廣老人憂鬱症的防治工作，具體作法包括舉辦老人紓壓之工作坊、製拍老人憂鬱症防治之宣導短片、印發相關文宣、製作桌遊教具、同時出版書籍、舉辦徵文活動，希望透過這些努力，提升民衆這方面的認知，爲樂齡之生活做好預備。

今年的徵文活動，銀髮族朋友提及：「原以爲一輩子不會用到網路，但看見兒孫們個個人手一機，爲方便起見便安裝 WI-FI，並加入朋友討論的群組，儘管已經年逾八十，卻感覺一下子年紀少掉一半，還試著使用 LINE 傳送訊息、上網搜尋口碑好劇……。」「糊里糊塗被人家拉去一起學街舞，跟年輕人混在一起，剛開始覺得很害羞。後來被兒孫輩知道了，竟豎起大姆指稱許說：『阿嬷！酷喔！』爲了不漏氣，我就豁出去，誰說年紀大了，骨頭就會生鏽，我現在可跳得有模有樣，渾身是勁……。」「六十二歲那年，我因病失能，行動不方便，靠輪椅代步。但是痛定思痛之後，我決定以積極的行動來排解生活中的苦悶；除了用手機與好朋友互動外，也常隨同家人出門到處旅遊，或者參加社團活動，以療癒爲病苦所折磨的心靈，使自己的心境轉爲輕鬆愉快……。」

這些銀髮朋友所描述的情境，正是邁入老年以後，經常會面臨到的失落與挑戰。生命中的每個階段，難免遭遇各種橫逆，尤其，年長者還必須面對一些生活與感情的壓力，例如體力衰退、功能老化、喪偶、失親、逐漸淡出社會角色、來往朋友越來越少、又須學習日常生活常用的新科技。如果無法從容應對，或者不能調適過來，就很容易引發憂鬱症等心理健康問題。

《「老」得好——人生冬天的景緻》這本書的出版，就是爲了提供民眾深入了解，如何因應老化過程中的各種失落，同時讓讀者們充分的感悟到，年老後的自己仍有改變空間，打開胸襟，換個角度，就足以坦然地面對一切改變。

如同上述徵文活動參與者的分享，人一旦上年紀，身心靈漸退化，何妨任性一點，接納新的事物，凡事不用再等，一切都有可能！

推薦序一

陪伴之前先理解

文／姚思遠（董氏基金會執行長）

根據教育部民國97年一份針對年輕人與祖父母互動關係的報告指出，有五成七的年輕世代幾乎沒有與年長者相處的經驗，對於老年人的看法，超過七成七的受訪者認爲是「保守的」，五成一認爲是「依賴他人的」，認爲年長者「不活躍」、「不快樂」各超過了四成三與三成。以上結果正顯示了一種長久以來的社會觀點——對老年族群的「年齡歧視」。

對年長者的「年齡歧視」源於社會大衆認爲邁入老年後身體各功能退化、原來擔負的社會角色變薄弱、沒有辦法跟上時代變遷的腳步，而產生對老化的刻板印象或偏見。「年齡歧視」也是與長輩互動時的阻礙，會影響年長者對自我價值的認同、與他人互動的態度、及和社會保持連結的關係。家人、照顧者會因此覺得長輩上了年紀變得固執、難溝通。此外，許多年長者不太清楚身心老化的過程，沒有做好準備，生理退化或是生病了，心理還沒有跟上，覺得失去對自己生活的掌控權或是自己的角色，就會有憂鬱、失落、沮喪情緒、沒有安全感，因此和子女、照顧者產生衝突，以致產生相處難、陪伴更難的困境。

我想，《「老」得好——人生冬天的景緻》即有提醒社會大眾關注及消除對年長者「年齡歧視」的用意，本書內容除了提供我們如何因應邁入老年會經歷的身、心失落過程，給予積極面對老後生活、做好準備的各項建議外，也是要讓家有長輩的家人及照顧者學習覺察他們老化的訊號，試著理解年長者行爲背後的原因、眞正的需求與表達間的落差，幫助他們安心、正面地接受自己的老化，重新建立自我價值的認同，促進心理健康。

陪著長輩老化的過程中，我們都有可能遇到像書中個案故事的經歷，例如是否要聘請外來的照護者、是否要與年長者一起共住、長輩對生活大小事的叨念、年長者遭遇喪親喪偶後的失落與憂鬱情緒……等，種種的變化會考驗著彼此關係、也可能累積形成相處的壓力。要避免雙方都陷入這種負面情緒中，就要如同書中專家給予的提醒：「高齡照顧不只是生理機能的健康，『養身也要養心！』」更重要的是陪伴之前，我們要先學習理解他們！

每個人終將會老，也會經歷陪伴年長者的過程，去了解年長者需求、給予安全感和尊重，陪他慢慢走，共賞人生冬景。

推薦序一

69歲的堅持與快樂

文／葉金川（中華捐血運動協會理事長）

倫敦政治經濟學院2018年發布的一項調查指出，人們二十歲至七十歲的生活滿意度爲U型曲線，感到最快樂的兩個高峰年齡是二十三歲及六十九歲。

的確，我自己也認爲六十九歲那年是我一生最快樂的時光；然而，竟然在我要邁入七十歲前幾個月，我的淋巴癌復發了，且是第四期，已侵犯到肋膜、腹膜腔和骨髓。

從症狀出現到確診癌症復發，我沒有花太多時間沮喪、否認、自怨自艾，很快開始進行化療加上標靶治療，每次進行化療時，從掛號、住院、檢查、治療加上休養，都要耗費很多時間，一年中有將近四分之一的時間在門診、住院、治療、休養或是與副作用纏鬥中。雖然如此，我還是堅持做我喜歡的事情，盡量維持原本的生活模式，持續工作、演講、運動和旅遊。

在病症和副作用影響下，體力大不如從前，活動範圍與時間必須隨之調整，我因此試著慢下腳步，細細品味生活，發掘到許多以往沒有特別關注的人、事、物，回歸單純生活，享受生命的美好，才發現幸福其實很簡單，不管是生病、忙碌或年老衰退，單純生活就是幸福，有人陪伴就是幸福。

很多人進入中高齡階段後，因爲受到身體功能退化、退休、罹患慢性疾病、或是遭遇親人過世、配偶過世等因素影響心理及和人際、社會的連結，失去生活的樂趣，鬱鬱寡歡而終老。身體或心理的失落，是老後必會經歷的，但是，年老後的生活想怎麼過應該還是可以自己支配，就像我有慢性病、兩度罹癌，面對身體在治療之後的衰弱，我選擇「正面突破」，也因此能擁有我的「最美好的時光」！

如同我和大家分享的個人經驗與對老化的正面態度，《「老」得好——人生冬天的景緻》這本書要給讀者的不只是提醒怎麼預防陷入老年憂鬱、學習因應老後面臨的包括身體健康、失落壓力，及家屬或照顧者如何陪伴經歷失落的年長者，仔細閱讀書中每個受訪者分享自己面對失落事件的心情轉折、怎麼重新安頓身心，從中必然可以找到激勵自己積極面對老化與失落的力量。

此外，本書也介紹了高齡化社會面臨的挑戰，各國政府與民間單位提出的策略方案，幫助年長者老得健康、活躍與有生產力，非常值得在２０２５年將邁入超高齡社會的我們作爲借鏡。

面臨老、病、逝的過程，發生當下我們必會覺得艱辛難熬，但是只要有一點堅持、踏出第一步，生命就會自己找到出口路。

1

老，
面對失去的過程

認識失落與學習善待自己，
防老年憂鬱

邁入熟齡
無法避免
各種「失落」

體力、聽力、視力、
腦力的「身體衰退」

伴侶、親人或老友過世的
「情感支持失落」

退休、搬家、
不會使用新科技產品的
「外在環境引發的失落」

1 接受「老」模樣，先懂失落

諮詢／賴德仁（中山醫學大學附設醫院身心科醫師）
杜家興（衛生福利部嘉南療養院臨床心理師）
呂依眞（昭質心理諮商所所長）
文／黃苡安

健康衰退、失去情感支持、環境的變動，是邁入老年會面臨的失落。提早覺知、珍惜擁有、保有情感交流能力，老後才能過有品質的生活。

從中學退休的玲子老師，丈夫是位高權重的CEO，雖然每月都會給她一大筆零用錢，但長期對她冷漠相待，就連三名子女也覺得媽媽的職業不夠閃亮，她在家庭裡得不到支持，過得很寂寞。丈夫退休後成天閒賦在家，要求她像過去一樣煮三餐，照顧他所有生活細節，讓玲子老師覺得很痛苦；加上丈夫總嫌她帶不出門、長期隱忍他可能有外遇，多年委曲一夕爆發，玲子老師想離婚去追尋自我，沒想到三名子女竟然挺爸爸，認爲媽媽精神有問題，無理取鬧，甚至強迫她去看精神科。

玲子老師過去教學、家庭兩頭燒，沒時間結交朋友，退休後喪失一些社會角色，覺得不再被社會尊重，自我價值感不復存在，如今夫妻、親子關係變緊繃，玲子老師有了強烈的失落感。

人生下半場，失去是必然

對年長者而言，來到人生下半場，就要面對不斷的失去及失落，包括：**健康的衰退**，如體力、聽力、視力、腦力不如前；**情感支持的失落**，如伴侶、親人或老友的逝去；以及**外在環境引發的失落**，如退休、搬家、經濟困頓、不會使用新科技產品等，對生活、身心健康都帶來挑戰。

「許多人是透過一場疾病認識生老病死」，昭質心理諮商所所長、諮商心理師呂依眞表示，她有一名個案非常喜歡走路，日行萬步不會累，近年罹患關節炎，行動變得不方便，才意識到身體成本是會用完的。

新聞也會報導，六、七十歲的爺爺或奶奶因懷疑另一半外遇而引發悲劇，或許是因爲老化造成容貌和生理上的改變，令人覺得自己變醜或性魅力不再，偏偏和伴侶的關係又沒有好到可以開誠布公談，「老公（婆），我變得這麼醜，你還喜歡我嗎？」因而失去對彼此的信任感及安全感。

與人情感交流的能力是關鍵

呂依眞心理師指出，面對老年失落，有人深陷憂鬱，有人卻能坦然面對，其中除了身心健康狀況會有所影響之外，**比較樂觀、豁達及對老年生活有提早規劃準備的人，相對比較不會因老年失落而憂鬱**。

嘉南療養院臨床心理師杜家興則認爲，**關鍵在於生命的方式**。有些人長期缺乏與自己內在及他人進行情感交流的能力，但中晚年之後，這個能力很關鍵，**那些容易困在失落經驗裡的人，大多較爲封閉或理性，情感交流的能力比較弱**。

王老爹就是典型的例子。他被太太強迫到醫院做失智症評估，太太抱怨他什麼事都記不得，只有講到蘭花，整個人又生龍活虎起來。評估結果顯示，王老爹的記憶和認知功能都很差，確實很像失智初期的患者，但他講兩句話就想哭，不像失智，反而像憂鬱症，最後查出是老年失落在作祟，原來十年前王老爹的獨子因車禍意外身亡，他從那時開始就不對勁。

王老爹壓抑喪子之慟，表面上繼續過著原本的日子，但每次看到心愛的蘭花，總在花開最燦爛時凋謝，又讓他想起在青春正盛逝去的孩子。他的情緒不曾獲得紓解，使得悲傷歷程走得更久，並陷入身心疾病的桎梏。而他的妻子透過參加歌唱社團和志工服務，拓展生活圈後慢慢轉念，「這是孩子的命運，恭喜他結束人生任務」、「那我也有自己的人生要過」，她往這個方向去解釋人生的意義，她就走出來了。

面對失落，長者必然束手無策？

面對失落，年長者相較於青壯族群，感受到的壓力和失落感是否比較強烈？中山醫學大學附設醫院身心科醫師賴德仁認爲未必，**年長者的人生歷練多，整體來說，調適能力會比年輕人好；但因老化而衍生的失落，包括疾病及生死問題，這種失落感會比較強烈。**

杜家興心理師指出，從大腦神經的角度來看，**年長者神經迴路彈性變少，遇到失落打擊，適應力會較弱，但他們會用經驗和知識去補足，也比較能洞察事件本身的意義，應付失落的能力會比年輕人來得好。**年輕人雖閱歷有限，比較難從挫折中找到意義，但他們的優勢是：相較於年長者，他們的人生還很長，充滿希望；此外，年輕人透過網路也有比較開闊的視角，可減少孤單與退縮帶來的傷害。

習慣以物質成就與名望來定義生命價值，人到老年，只要遭逢一個事件打擊，身心功能就可能驟降，**最明顯的轉變是失去健康和身分**，很容易讓長者不再意氣風發，連原本引以爲傲的事物都不再感到快樂，頭髮也可能一夜變白，瞬間多了許多皺紋、眼袋，這種心理上的打擊，就如同身體跌倒，整個心理健康、人生的意義感瞬間都消失了。

從小到大，**每個人內心都有一些累積的傷痕**，年輕時，我們追求成就感，忙事業，忙家庭，忙提升自己的能耐，暫時遮掩了這些內心的傷，一旦老年降臨，身心逐漸退化，社會角色也退縮時，這些傷痕的影響就會浮現出來。杜家興心理師指出，**我們的社會環境對長者的照顧支持多偏向身體層次，若能創造出一個比較有療癒力的環境，彼此會相互關心身心層次，大家老後的生活就會比較有品質**。

賴德仁醫師指出，社經地位很高的男性，以前在職場很風光，退休後不再受奉承，內心可能也很失落；若回歸家庭後仍一副大男人的模樣，很容易被妻子和家人討厭，失落感更深，最終會成爲孤獨老人，提醒這些男性要善待另一半，對孩子以鼓勵支持，取代權威式教育。

提早認識失落，可預防老後陷入負面情緒

像呂依眞心理師的家族有某疾病遺傳史，讓她深感身體健康不是理所當然的，她也鼓勵大家，**趁著雙腳還健康，就要很有活力的運動，走到任何想去的地方，趁著眼睛還健康，盡情看見任何想看的事物，每一天都要善待自己**，因爲你現在擁有的每樣東西，不會永遠都存在，死亡和疾病都是在提醒我們，珍惜眼前所擁有的一切。

1-2

老後的他，相處相伴都好難

諮詢／賴德仁（中山醫學大學附設醫院身心科醫師）
杜家興（衛生福利部嘉南療養院臨床心理師）
呂依眞（昭質心理諮商所所長）
文／黃苡安

覺得老後的他變得固執難溝通？因爲長輩缺乏安全感，覺得旁人不了解自己的需求、擔心自己沒有用、成爲他人的負擔。多讚美與傾聽，當他們的安全感夠了，就不會那麼固執，相對會比較好溝通。

佩怡剛迎接考上高考的喜悅，她的母親梅姨卻在此時被診斷出罹患帕金森氏症，而且病程很快惡化到必須二十四小時有人照顧，才能確保安全。佩怡上班常接到媽媽打電話來哭罵，媽媽還指控外傭偷錢，動不動就喊「我要叫警察把你抓走！」佩怡經常得臨時請假回家善後，讓她在職場很難爲。糟糕的是，如果佩怡不隨著梅姨起舞，梅姨會很憤怒，覺得「妳不把媽媽當一回事」，佩怡最後選擇離家租屋，讓外傭獨自承擔媽媽的許多情緒。

長期投身長照領域的昭質心理諮商所所長、諮商心理師呂依真感慨，很同情這些外傭，做了許多家屬做不了的事。

老化的訊號

隨著年紀漸長，最明顯的改變是生理機能退化。許多年長者在身體硬朗時，日子過得很活躍，毋須子女擔心；但往往經歷一場大病後，變得衰弱、沒有安全感，轉而變得依賴子女，**當他們的需求無法被滿足時，可能就會用一些方法讓家人就範。另外，生活習慣或做事品質變了，也是老化的訊號。**

嘉南療養院臨床心理師杜家興觀察發現，**很多長輩會隱藏老化帶來的改變**，例如問他今天幾月幾日，他答非所問說「我沒有戴手錶」，其實他是記不起來；或平常出門買東西二、三十分鐘就回來，現在要花上一個多小時，原因是他迷路了，但這些事他們不會跟別人講。還有人發現媽媽煮的菜味道變了（因爲忘了其中幾個步驟，或鹽放太多、太少），跟她反映，她馬上勃然大怒，情緒來得很快，家人可能納悶，媽媽以前個性不會這樣，現在怎麼講一下也不行？

此外，原本愛漂亮的長輩，穿衣突然變隨興，可能也跟老化有關。

科技發展與社會環境變遷快速，也會加深年長者與社會的疏離感。新冠疫情高峰期間，全民搶打疫苗就是一例，許多年長者不習慣操作網頁介面，抱怨爲什麼只能網路預約？政府沒想到很多老年人的眼睛不好嗎？此外，不習慣用LINE與人溝通，不熟悉時下流行用語，或孩子已讀不回，都很容易讓他們覺得被冒犯。又或是密碼設定有許多限制，對老人家來說好像在考試，覺得大家都可以做的事，只有自己跟不上。

中山醫學大學附設醫院身心科醫師賴德仁分享自身經驗，出差開會他最擔心住旅館找不到開關，晚上得亮著大燈睡覺；或電視遙控器很複雜，得操作兩支才能開機。科技更迭對中壯輩就很有壓力，何況老人家反應沒那麼快，學習新事物本來就比較困難，建議年輕時多涉獵新知，隨時與時俱進，以免年紀大時，面對突如其來的新事物無法變通、轉換。杜家興心理師建議，**協助年長者加入社團群組，透過同儕分享與交流，比較容易適應多變的科技與軟體操作**。

另一種極端情形，是長輩熱愛上社群媒體，像六十五歲的退休陶藝老師碧霞規定學生要幫她每則臉書訊息按讚，不然她會很生氣，學生不解，爲何老師從前很好相處，近年越來越難搞，甚至選舉投不同政黨，竟被當叛徒？這些行爲反映的是她背後的不安全感，因爲喪失了老師這個社會角色，自我價值感不見了，擔心自己在別人心中變得不重要，再也沒人在意。

社會對老年的歧視

我們的社會其實處處存在對高齡者的歧視，常聽到「老古板」、「老番顛」這類帶有貶抑的形容詞，當我們對「老」有這種刻版印象，就容易將長輩的言行舉止做負面解讀。換個角度想，我們有時也無法認同後輩的想法或喜好，也許在年輕世代眼中，我們也是頑固老人呢！

賴德仁醫師表示，雖然隨著年紀增加，腦袋相對會比較沒彈性，但現代醫學進步，有很多七、八十歲的人還是很活躍，每個人都要**學習更圓融豁達，少批評、多讚美，給別人好過，就是給自己好過，中年開始就要有意識的學習與轉換心態**。他也**鼓勵子女適度放手，在父母能力不及處給予協助，而不是每件事都幫他們打點好**，這樣反而會讓他們的身體功能加速退化，形成長期依賴。

給予年長者讚美、傾聽、擁抱

許多人覺得長輩固執難溝通，但換個角度想，這有沒有可能是晚輩堅持自己的觀點所致？癥結可能在於長輩缺乏安全感，覺得家人不了解自己的需求，擔心被拋棄，擔心自己沒有用，成爲家人的負擔。要如何讓長輩感受到存在的意義？不妨**多讚美、傾聽，多抱抱他們，當他們的安全感夠了，就不會那麼固執，相對會比較好溝通**。

此外，若老人家聽力退化，可以配戴助聽器，聽得到的老人比較不會憂鬱、離群獨處，或懷疑別人在講自己的壞話，也能避免神經退化及辨識力下降。若長輩認知功能退化或失智，賴德仁醫師表示，用尊敬的口氣慢慢說，並溫柔地看著長者，還是可以跟他們溝通。

杜家興心理師建議，照顧認知功能退化、失智年長者，不妨把他們當做新認識的朋友，不要問他：「記不記得我是誰？」這樣很不友善，打招呼時可以試著說：「你好，我是×××，我們又見面了，見到你真開心，今天我需要你的幫忙，一起來做×××事喔！」像好朋友見面一樣，**邀請他幫忙做一件事情，或讓長者講他記得的事，藉由這樣的互動方式，讓長者感到被尊重和理解**，從生命品質的角度來看會很不一樣。

難相處？請善用資源

有些長輩常表現出「你有比我懂嗎？」的態度，使得子女很反感、不想與他們互動。呂依眞心理師坦言，她不是那麼鼓勵孩子一定要自己照顧父母，建議善用日照中心，因爲陌生人講的話，有些長輩反而比較容易聽進去；其次，照顧者很多時候自身狀況不好卻不自覺，如果長輩又很固執講不聽，不小心就可能引發長照悲歌。

至於年長者是否還能交到好朋友？呂依眞心理師說，不要長期關在家裡就有機會。她鼓勵**年長者透過參加長照據點、社團、社大課程尋找同好，不要黏自己的孩子，跟朋友膩在一起會比較好，共享資源，還能當彼此的心靈導師。**

1-3 老年的失落與孤獨感

年老後逐漸解體的社交網絡，帶來情感的失落，產生孤獨感；而經年累月的孤獨感，會導致身心疾病。善用科技，重建有支持系統的社交網絡、能幫助年長者減少孤獨感。

文／黃素娟

偶遇好一陣子不見的同事凱莉，問起她近況如何。她忍不住長嘆一聲：照顧兩個孩子已經忙不過來，還得面對七十歲父親的情緒和嘮叨，很累。去年七月，凱莉的母親因爲癌症過世後，她爸爸整個人好像換了一個人。凱莉爸，老資格的裝潢師傅，有接不完的案子，讓他每天從早忙到晚。雖然工作忙碌，但就像傳統顧家的台灣男人一樣，有個賢慧會打理家務的老婆和各有成就的子女，他永遠都是笑咪咪地不喊累。可是自從三年多前老婆罹癌後，生活開始走樣。不僅老婆無法像過去一樣打理三餐、整理家務，還得面對化療的痛苦及死亡的威脅，連凱莉爸也推掉工作陪著老婆走抗癌路。但終究老婆還是不敵病魔離開人世。凱莉爸形單影孤，再也提不起勁像以前一樣過日子。雖然試著學習一個人過生活，早起運動，植栽種菜，照顧孫子，但臉上的笑容愈來愈少，最常聽到的是他的長吁短嘆。

高齡化社會的來臨，凱莉爸的狀況並不少見。老化的過程中，經常面臨著各種的失去，包括心理上及生理上。**心理上如凱莉爸一樣，可能面臨著失去配偶的痛苦和遠離原有工作成就的沮喪。生理上，從最常見的視力、聽力、肌肉和體力的衰退，到嚴重的因疾病手術而失去某些器官或能力**。情感的失落及身體功能的衰退，讓年老後的生活充滿著挑戰。

情感的失落——漸漸解體的社交網絡

「孤獨感」意味著什麼？在很多人的觀念中，年長者孤獨與否，常被簡化爲兩個面向：「有多少朋友？」、「多久和親人相聚一次呢？」但事實上，年長者的孤獨感受可以簡化成這兩個面向來衡量嗎？是否身邊有朋友或親人就不孤單，只有一個人生活就覺得寂寞嗎？

「孤獨感研究計畫」是英國巴斯大學2019年至2020年對八十位參

與爲期一年研究計畫的英國、澳洲退休人士做深度訪談的質性研究。（參見1）

在研究中發現，「孤獨地存在」(existential loneliness)，也就是與世界分離的感受，或許更能夠眞切地描寫年長者的「孤獨感」，尤其是失去長年一起生活的另一半、退休或搬家，離開原來熟悉的社交網絡時。寶拉(Paula)，參與訪談的七十二歲的女性，說到自己在深愛的丈夫過世後的生活：「我不知道何處是我容身之地……我再也不知道我是誰……我就是存在著而已……。」更令人遺憾的則是身邊的親友一個個先自己而去，世上與自己有意義的連結漸漸消失。

身體功能的喪失——漸漸不聽使喚的身體

身體功能的喪失也是影響老年生活品質的重要因素。年輕時可盡情運用身體實踐夢想，但年老時功能退化的器官總讓人感到焦慮。

維吉尼亞大學老年精神科醫師 Dr. Lee 在2019年的訪談中提到，因爲視力的衰退，大多數年長者不再像年輕時一樣大量閱讀；眼花看不清楚也影響對人臉表情的辨識，而這些又與腦部功能有所關連。「視力衰退會影響心理健康，也會導致憂鬱、焦慮和認知問題。」（參見2）

有研究發現，**聽力衰退是憂鬱症的風險因子之一**，而聽力衰退和憂鬱症兩

者皆是導致老年失智的重要因素。（參見3）

許多年長者因耳不聰、目不明，接收外來資訊的能力減弱，漸漸無法貼近社會脈動，喪失溝通的能力與話題；再加上老化影響行動能力，與人交流時自然顯得畏縮，漸漸地形成「社交孤立」（Social isolation）的狀態。日久之後，貧乏的社交活動與疾病交互影響，憂鬱焦慮的情緒更形嚴重。一旦罹患失智症，生活品質的降低與死亡率的增加難以避免。

生命中的寒冬——當孤獨感來襲時

《Together：Loneliness, Health and What Happens When We Find Connection》的作者美國外科醫生（U.S. Surgeon General）維維克．穆西博士（Dr. Vivek H. Murthy）在書中指出，孤獨與社交孤立對健康的負面影響，等同於一天抽十五根香菸。更多研究則指出孤獨與社交孤立和高血壓、心臟病、免疫系統疾病、焦慮、憂鬱情緒及阿茲海默症有正相關。在「壞同伴：孤獨感預測年長者的疼痛、倦怠、憂鬱及共通症候群」研究中，針對美國五十歲以上年長者所做的孤獨量表及疼痛、焦慮及憂鬱自我評估量表結果分析，「**孤獨感與疼痛、焦慮、憂鬱及共通症候群間有強烈關聯性。**」（參見4）

而前述研究也顯示，憂鬱症和老年人的疾病及失能狀況息息相關。研究指出，憂鬱症狀與老年人心血管疾病的罹患率，及心臟病發作後的癒後狀況，有著密切的關聯。在安養機構裡罹病的年長者若罹患憂鬱症，他們的恢復能力會降低，死亡率會增加。（參見5）

除了前述孤獨和憂鬱症的研究之外，美國UCLA大學以血液樣本研究孤獨和社交孤立對免疫力的影響時發現，「長期的孤獨會形成一種威脅感，而這種威脅感會啟動改變基因活動的通道。」研究者認爲，短期的孤獨不是問題，經年累月的孤獨會造成生理上微妙的衝擊，的確會導致身體罹患更多的疾病。（參見6）

點燃燭光——如何讓生命的寒冬也有溫暖

1、重建社交網絡

美國伯明罕青年大學諮商心理學Timothy B. Smith教授表示，「一般而言，有強力社會連結的人，平均壽命比其他人多四年。」澳洲國立老年研究中心主任John McCallum也支持這個說法。他認爲強健的社交網絡對壽命的影響，和戒菸、減重及健身一樣有效。（參見7）**因此打破社交孤立，重建支持的社交網絡，**

是提升老年生活的品質的重要關鍵。

但對已經習慣蝸居於個人世界的年長者來說，要克服心理障礙，踏出第一步，並非易事。**專家建議可從自己的興趣或是擔任志工著手，藝文課程、社會團體是可以嘗試的管道。**另外政府辦理的課程，如社區大學、樂齡學苑等，收費低廉且多元化的學習內容，值得年長者多加利用。再者，如今網際網路發達的時代，線上課程或網路社團，對居住於偏遠地區，或是不喜與人群聚的朋友，也是相當好的選擇。

2、增進年長者的科技能力

密西根大學 William Chopik 教授的研究指出，「**善於利用科技的人，有較佳的自我健康評估、較少的慢性病、較高的自我幸福感，以及較低的憂鬱情緒。**」研究也發現，善用科技可有效降低孤獨的感受。(參見8) 尤其對行動力較弱的年長者來說，無遠弗屆的社群網路，可協助他們隨時和遠方的家人、朋友保持聯繫，也可獲取世界最新訊息；有創造力退而不休者，更可藉著社群網路分享自身長才及豐富的人生閱歷，不僅可建構社群網路社交關係，也能重新獲得「被需求感」，建立全新的自我概念及自我價值感。

3、多元管道協助孤單長者

陷入社交孤立的年長者，通常羞於啟口求助，以至於旁人難以伸出援手。若**能運用多元管道建立和年長者的聯繫，進而帶動他們加入社區活動**，或許是較爲務實可行的做法。

根據美國 CareMore 健康照護機構所做的研究，約有27%的研究對象表示，希望給他們的健康照護計畫，可以和社區活動或社區人士有所連結。因此，CareMore 的「親密照護計畫」(Togetherness Plan) 便以年長者的「孤獨量表」施測結果，做爲評估照護模式的第一步，然後增加電訪、家訪及其他身體訓練或社交活動。計畫主持人 Robin Caruso 表示，參與此計畫的患者，對健身活動更加投入，急診和住院的比率都降低。另外，美國 Humana 公司發現，社交孤立常與交通不便、缺乏食物及貧窮有關，因此他們進行送餐計畫，希望能眞正協助到身陷孤獨的年長者。(參見9)

「老吾老以及人之老」，高齡化浪潮來襲，社會的老年人口比例日趨增加。但老年眞的只能面對人生不斷失去的孤獨與冬日寒冷嗎？或者，長者因著完善的照護與安養措施，不僅能享受暮年的歲月靜好，更進而能貢獻生命的智慧，爲自己與他人點燃一盞溫暖的燭光呢？

註解：

1. Loneliness, loss and regret: what getting old really feels like – new study (theconversation.com)
2. "All My Friends Are Dead": 5 Ways to Prevent Elderly Depression (uvahealth.com)
3. Age-Related Hearing Loss, Late-Life Depression, and Risk for Incident Dementia in Older Adults | The Journals of Gerontology: Series A | Oxford Academic (oup.com)
4. Bad company: Loneliness longitudinally predicts the symptom cluster of pain, fatigue, and depression in older adults - Victoria D Powell 1 2, Navasuja Kumar 1, Andrzej T Galecki 1 3, Mohammed Kabeto 1, Daniel J Clauw 4, David A Williams 4, Afton Hassett 4, Maria J Silveira, 2022 (nih.gov)
5. Depression in Older People: Symptoms, Causes, Treatments (webmd.com)
6. Social isolation, loneliness in older people pose health risks (nih.gov)
7. Build Social Networks to Fight Loneliness (aarp.org)
8. Tech Training Builds Connections and Confidence for Older Adults (aarp.org)
9. Health Care Providers Explore Ways to Tackle Loneliness (aarp.org)

2

熟齡喪偶，
新角度、安身心

「喪偶的失落創傷」會嚴重撼動
年長者的心理和生活

否認、憤怒、
討價還價、
沮喪憂鬱、
接納調適
是失落復原的五階段

失去依附關係緊密的另一半，
親情陪伴是重要力量

2-1 17頁家書

諮詢／杜家興（衛生福利部嘉南療養院臨床心理師）
呂依眞（昭質心理諮商所所長）
文／黃苡安

高齡喪偶，雖然面對死亡可能較淡定，但會面臨兩個問題，一是喪禮雖結束，在自己心中，眞的已和配偶好好告別？再則是，以後自己生病時誰來照顧我？

每當蔡琴的《最後一夜》響起，總勾起莊媽無盡的回憶，這是莊爸生前最愛唱的一首歌，如今景物依舊，人事已非。

八十多歲的莊爸在生命最後三年洗腎，體力變得很虛弱，然而，即便已拄枴杖走路，他仍一貫紳士精神，上下車堅持爲太太開車門，下樓梯也總是走在前面，怕萬一太太摔跤，他可以立刻肉身護妻，憶起丈夫的種種寵妻事蹟，莊媽忍不住嘆息：「你看，這教人如何不想他？」

莊媽和莊爸是越南華僑，1975年越南淪陷，他們帶著稚齡的孩子搭上最後班機來台避居，經歷戰亂洗禮，一家人感情十分緊密。後來有長達十二年時間，莊爸被派駐到越南的銀行工作，每三個月才能回台與家人團聚，在那個沒有網路的年代，寫家書成了想家時唯一的慰藉，莊爸曾因寫了厚厚一疊十七頁的家書，在莊媽娘家傳為美談。

有糖尿病家族史的莊爸晚年飽受洗腎之苦，最後一次因嚴重不適，轉至大醫院醫治，一星期後，在原本是全家喜氣洋洋團聚的小年夜辭世，「他在這個日子離開，讓我們每逢過年總是特別難過。」莊媽說，雖然知道丈夫來日不多，但還是很不捨。

長年禮佛的莊媽，以茹素四十九天來送別丈夫。身為導演的兒子製作影片在告別式播放，紀念莊爸的一生，「我們全家聚在一起找出爸爸的照片和書信，一起哭，一起選照片，一起完成影片。」至少過了一百天，莊媽心情才較為平復，但仍起伏不定，至今不敢整理遺物，一年多來，家裡還維持莊爸在世時的擺設。

雖然有虔誠的信仰，莊媽坦言，還是有過很低潮的時候，「孩子說我很堅強，其實是我自己的情緒要穩住，孩子才能放心工作。」回首結婚五十六年，兩人沒有吵過架，放假時總是一起打球、旅行，現在換孩子帶她出遊，卻不免觸景傷情，「我會想，如果爸爸在的話更好。」

莊媽現在學會一個人生活，自己安排時間看書、禮佛、散步及追劇，每月固定和老友聚會一次。會覺得孤單嗎？她說，年少時曾離鄉背井求學，加上戰亂離開故居，養成獨立個性，也記住先生耳提面命，『我們到老了，要好好生活，不要連累孩子』，「我記住他的話，強迫自己好好生活，過我的日子。」

先生過世，莊媽最怕被問，「別人洗腎二、三十年，照樣可以工作出遊，爲什麼你老公洗兩、三年就走了？」好像在責怪她沒把丈夫照顧好。

對於未來，莊媽看得淡定，她說，生老病死是生命自然現象，只希望好走，別受太多病痛折磨。

想和你說

少年夫妻老來伴，這樣的親密關係爲彼此帶來安全感及自信，但最終無可避免要面對各種失落，而**最大的失落往往是相依爲命的配偶過世**。

嘉南療養院臨床心理師杜家興說，當事人通常一開始會出現否認、逃避等反應，最後逐漸接受事實，並對配偶的離去找到自己能接受的理由，例如「這輩子過得很辛苦，早點回天家也好」、「離開凡塵俗世不再受苦，在佛祖身邊修行比較幸福」。

研究顯示，**高齡女性在配偶過世半年內，最感孤寂與哀慟，可能出現心神恍惚、身體快速崩解、常做噩夢、自責、害怕等症狀**；喪偶也是造成中高齡女性憂鬱、甚至死亡的主要因素。特別要注意的是**「寡居效應」，指的是喪偶後寡居者的死亡率高於平均值，其中寡居女性的死亡率又高於寡居男性**。

昭質心理諮商所所長、諮商心理師呂依真認爲，五、六十歲時喪偶，衝擊可能比八十歲喪偶來得大，因爲較年輕時喪偶，可能第一次意識到自己會死亡這件事，到了八十歲，通常已送別不少親人、老友，面對死亡可能較淡定，但還是會面臨兩個問題：

1、喪禮結束了，但在你心中，配偶眞的走了嗎？你眞的放下了嗎？

2、先生／太太生病時還有我照顧，那我生病時誰來照顧我？

端看你是否眞正跟伴侶告別了，以及怎麼看待自己的老化與疾病。

此時長者正面臨體能上的退化，若加上喪偶的打擊，心態會比較脆弱，甚至退縮；而科技發展及社會變遷快速，也讓他們在學習與適應上感到吃力，因此，**親友的陪伴支持，會讓他們比較有安全感和信心去嘗試新生活**，家人可以**透過定期聚會、視訊通話，以及寄送禮品卡片等方式傳遞關心**，讓年長者時時感受到親情的連結，減少孤獨感，並協助他們維持穩定作息及控制慢性疾病。

杜家興心理師表示，宗教信仰通常給人們比較正向的方式來看待死亡這類終極分離，這是理性的科學思維無法做到的部分。莊媽透過虔誠的信仰來穩住自己的失落感，並透過一段足夠長的時間，全家人聚在一起回憶、挑選與整理莊爸的一生，讓大家的傷心有了恰當的出口。**有時在恰當的時空裡流淚，也是一種安住自己情緒的方式，流淚時的淚痕和流淚後的身體反應，是最棒的療傷。**

同樣身爲女性，呂依眞心理師覺得莊媽以夫爲天，爲了當好妻子、好媽媽，可能長期把自我需求擺一邊，把先生、小孩的需求擺第一，如今先生不在了，她鼓勵莊媽追求第二人生，嘗試一些以前不敢做的事，同時回想一下，認識丈夫前，日子是怎麼過的？想不想抓住以前的美好人生？例如從前是運動健將或很會畫畫，不妨再揮灑一下自己的才華。

人生的後段是統整的階段，統整必須包括兒童及青少年時期，莊媽三十多歲前在越南生活，相信她對越南還是有感情，建議她參加同鄉會或相關社團，和大家一起準備越南食物，穿傳統服飾，一起說家鄉話，重新回味越南文化。透過接觸越南相關的人事物，慢慢走進時光隧道，**回顧往事，尋找最原始的自己，對她的統整也許會有幫助**。

呂依眞心理師說，莊媽可能有些心事無人可訴，畢竟有些話不是那麼適合跟孩子談，跟特定族群可能比較能敞開心房，建議她多交一些朋友，同鄉更好，也建議孩子不要緊抓媽媽，這樣媽媽會少了擴展社交的機會。

2-2 一再重述的悲傷

諮詢／賴德仁（中山醫學大學附設醫院身心科醫師）
杜家興（衛生福利部嘉南療養院臨床心理師）
文／黃苡安

喪偶後的失落創傷會嚴重撼動我們的大腦、生活作息和心理層面，年長者更不容易面對與調適。失去依附關係緊密的另一半，不是只靠時光流逝就會復原，親情陪伴是非常重要的力量。

心臟動過大手術的趙伯伯，從鬼門關前走過一遭，他怎樣都沒料到，牽手近四十年的太太，會突然因細菌感染陷入昏迷，搶救數月仍撒手人寰，享年五十九歲。趙伯伯堅持用古禮送別妻子，不停向來弔唁的親友追憶兩人相處的點滴，邊說邊流淚，他很沮喪，一直在想太太怎麼會比自己先過世？到底是怎麼感染的？

他的媳婦說，很佩服老公和大姑、大伯，可以整天聽公公重複說一樣的內容，後來每月回去探望公公，也還是繼續聽相同的內容，覺得悲傷眞是無止盡，也很慶幸老公家族人口衆多，可以輪流聽公公抒發心情，深刻感受到傾聽與陪伴說來容易，但做起來眞不簡單。

那段期間趙伯伯腦袋經常一片空白，總想著對不起太太。民國七十年，夫妻倆貸款買了房子，當時大女兒剛上小一，二兒子大班，小兒子還沒上幼稚園，趙伯伯薪水不高，生活有好幾年過得辛苦，連米都要先跟米行賒帳，還標好幾個會周轉現金，太太辛苦持家，好不容易拉拔小孩長大，還沒讓她享福，她就離開了。

趙伯伯家是傳統男主外、女主內的家庭，沒有做過家事的他，很依賴太太煮三餐、整理家務；而太太關節開過刀，走路很慢，也依賴趙伯伯開車帶她出門採買。太太過世後，因爲孩子都在外地，有好幾個月的時間，趙伯伯對沒人照顧自己感到強烈失落。他行動沒問題，但心臟裝有人工瓣膜，時常會頭暈，他希望有人陪伴，幫他煮三餐及做家事，卻又不要外傭或全職看護等陌生人進到家中，這點讓家人一度很煩惱。

趙媽媽過世後，大女兒美玲有空就會回家陪爸爸，爸爸常像放錄音帶般述說和媽媽的回憶，但她覺得爸爸肯講，不要悶在心裡最好，那一年她還和婆家說好，暑假和女兒一起搬回娘家住陪伴爸爸。趙媽媽過世後沒幾年，美玲也動了心臟手術，在醫院躺了一個半月，她說，不知道自己和爸爸誰會先走，所以很珍惜和爸爸相聚的日子。

後來家人找到一位親戚幫忙，時間持續五、六年，在親戚協助下，趙伯伯生活自理能力進步超多，過年時兒孫回家團聚，都是他煮年夜飯給大家吃，媳婦讚嘆，「看到公公從過去只會動口指揮別人煮三餐，到現在可以燒一桌菜，眞是非常佩服。」

隨著趙伯伯逐漸走出傷痛，親戚也回自家照顧生意了，趙伯伯獨處時間變多，開始嘗試一個人去釣魚，還認識電台主持人及一群六十至八十歲愛唱歌的聽友，一周有兩晚接受電台連線唱歌，所以平日下午會在家練唱，或和聽友一起聚餐練唱，也相約出遊，生活開始有了新重心，也愈來愈獨立。

趙伯伯曾說，父母不在的痛，比不上配偶不在的痛，因爲父母過世時，他還要工作，忙碌可以轉移悲傷；但配偶過世時，他已退休，整個家只剩他一個人，覺得很沮喪，很遺憾從前沒有好好陪太太。

想和你說

強烈思念過世的伴侶，是人之常情，就東方文化來說，夫妻關係愈好，喪偶後的失落反應持續四、五年以上的，不算少見。**這個創傷會嚴重撼動我們的大腦、生活作息和心理層面，尤其發生在年長者身上，更不容易面對與調適。**人們常說時間能沖淡一切，但失去依附關係緊密的另一半，不是只靠時光流逝就會復原，**親情陪伴是非常重要的力量。**

失落事件的復原過程，大多會經歷「否認」、「憤怒」、「討價還價」、「沮喪憂鬱」、「接納調適」五個階段，這個過程不一定依序發生，經常反反覆覆、多種感受、想法一起出現。趙伯伯在沒有心理準備的狀況下，就要面對妻子突然生病過世的衝擊，可能會有很長一段時間反覆出現「否認」、「討價還價」和「沮喪憂鬱」的調適歷程。

對退休者來說，與社會的連結度已不若以往，一旦喪偶，適應會更困難。中山醫學大學附設醫院身心科醫師賴德仁指出，喪偶可能引發憂鬱，甚至自殺，**若察覺年長者有自殺傾向、明顯憂鬱症狀持續兩個月以上，或有憂鬱病史，就要特別留意；而憂鬱也會增加失智風險，**家屬應多陪伴關心，幫助他們回歸正常生活。

嘉南療養院臨床心理師杜家興表示，**自我照顧能力也是重要的觀察指標**，像趙伯伯飲食起居很依賴妻子照料，妻子過世後，立即衝擊到他的日常生活，後續**可能引發營養失衡、肌力流失、身體協調力下降等問題，家屬可善用視訊關懷、協助訂購飲食，或透過村里長協助安排長者共餐**。此外，檢視家裡環境安全，必要時加強浴室、樓梯防滑，及減少地板高低落差等，預防獨居長輩在家跌倒。

喪偶後的調適過程，需要有人一起回憶過往美好經驗，透過這些有共鳴的回顧，一方面讓情緒能量獲得大量表達與流動的機會，另一方面讓大腦前額葉對這些回憶不斷進行組合及賦予新意義，至於分享的對象，最好是擁有共同回憶的親朋好友。趙伯伯不斷述說和太太相處的回憶，身邊的親友都能同理和傾聽，有助於他卸載身體與心理的糾結能量。

杜家興心理師提醒，不要急於要喪偶者趕快重新振作起來，否則口語表達上，可能會顯得缺乏同理心，配偶過世是極具衝擊性的創傷事件，需要較長的調適歷程，以下分享一些對話技巧：

■關注長者在意的點，幫助他們說出感受

「爸爸過世，妳好像很自責，哪些事讓妳放不下心？」

「媽媽，妳今天又想起爸爸了，妳想到哪些事呢？」

「想起爸爸，有什麼事讓妳感到遺憾？覺得想去補償呢？」

「如果爸爸來到妳夢裡，妳覺得爸爸會提醒妳什麼？」

■跟長輩分享聆聽他們生命故事後的感動與啟發

「聽到爸爸與媽媽的故事，讓我更了解你們之間特殊的情份。」

「聽了你們的故事，讓我覺得與爸媽更親近了。」

一般來說，**讓長者充分訴說、走過悲傷歷程後，心思能量就會回到自己及重要關係人身上**，在良好的陪伴及支持下，會再次展現生命的活力。

關懷喪偶長者四要訣

1 定期定量關心：初期可以每天聯絡，一個月後視情況改爲一周三次，親友可輪流關懷。

2 分享共同回憶：透過翻看照片、影片，一起回顧生命的美好經驗，產生想念與感謝之情，在這個情緒基礎上，逐漸說出遺憾之情。

3 安排家庭聚會：讓長者看見家族生命延續，促進長者的生命意義感。

4 建立有意義的關係：陪伴長者重新參與社交活動，若長者生活較爲封閉，可從親友熟悉的社團或社區長照據點開始接觸。

2-3

足不出戶的阿嬤

諮詢／杜家興（衛生福利部嘉南療養院臨床心理師）
呂依眞（昭質心理諮商所所長）
陳盈縈（嘉義縣長照管理中心照管督導）
文／黃苡安

久病的配偶離世，許多人或多或少會有一種解脫的感覺，但對中高齡照顧者而言，就像失去了生活重心，很可能會急遽退化，協助喪偶的年長者重新找到生活重心與價值非常重要。

一間間矮厝寂寥地散布在鄉間小路，彷彿各不相干，又各自訴說每戶人家不同的人生境遇。住在其中一間矮厝的八十二歲玉蘭阿嬤，兩年來幾乎足不出戶，她總是坐在丈夫阿水伯生前坐過的位子，懷念丈夫。

阿水伯早年是台電僱員，退休後與妻子在廟前擺攤做小生意，收入雖微薄，倒也能簡單度日。阿水伯長年有糖尿病、高血壓等慢性疾病，還曾罹患攝護腺癌，所幸在玉蘭阿嬤悉心照顧陪伴下，病情穩定。

九年前家中發生氣爆，玉蘭阿嬤手部及臉部遭到嚴重燒傷，雖然持續復健，但肩關節角度恢復有限，照顧能力因而下降。那些年，阿水伯因肺積水三進三出醫院，體力和記憶力都明顯衰退，並被診斷出有輕微失智症。

長照管理中心督導、社工陳盈縈到阿嬤家訪視時發現，阿水伯變得很嗜睡，吃東西也沒胃口，每天卻要吞十幾顆藥丸，建議家屬帶阿水伯到醫院做藥物整合，只是老人家味覺原就會退化，何況藥吃久了，舌頭的味覺都沒了，阿水伯曾抱怨，連茶喝起來都是苦的，想吃的東西吃了也不是記憶中的味道，對吃這件事，愈來愈覺得索然無味。

兩年前某個午後，阿水伯上廁所很久沒出來，玉蘭阿嬤前去查看，發現他倒臥在地，已經失去呼吸心跳。對阿嬤來說，雖然丈夫大病小病不斷，但從青春到白髮，共同生活六十多年的伴侶生命就這麼消逝，阿嬤很自責當時沒顧著阿公，她非常有罪惡感，阿水伯過世至今兩年多，只要有人提到「阿公」，玉蘭阿嬤的淚水仍立刻潰堤。

陳盈縈督導說，有次家訪跟阿嬤聊到阿公，害阿嬤痛哭，一旁家屬直翻白眼，一副「妳哪壺不開提哪壺？」的表情，讓她超尷尬。她的想法是，既然開啟這個話題，就讓阿嬤講完，讓她哭泣宣洩一下，再同理她的情緒，然而家屬處理的方式，是趕快轉移話題，講些開心的事，阿嬤見狀會瞬間收起眼淚，當沒講過這件事。

玉蘭阿嬤從前很喜歡子女帶他們兩老四處旅遊，現在卻不肯出門，鄉下家戶間又相隔甚遠，沒有左鄰右舍可以串門子，只有居服員會定時到家中幫阿嬤洗澡、做些簡單家務，並陪她聊天、散步。陳盈縈督導一直在想，怎樣可以讓阿嬤過得開心一點？如何幫助她處理悲傷失落？

想和你說

多病的配偶、伴侶離世，對許多人來說，或多或少會有一種解脫的感覺，已經八十二歲的玉蘭阿嬤想必非常累了，阿公過世後，她的生活壓力應該減輕很多，只是這麼多年來，**她都是以照顧阿公爲生活重心，如今這個重心不見了**，孩子也各自成家立業，**幫她重新找到生活重心與價值非常重要**。

昭質心理諮商所所長、諮商心理師呂依眞表示，社工希望協助阿嬤處理悲傷失落，不過平日都是居服員與阿嬤互動，社工鮮少接觸阿嬤及家屬，阿嬤在阿公過世後，常處於悲傷狀態，社工主動談阿公，孩子當然會介意。

社工可以先透過家屬了解實際狀態，再找出對阿嬤最好的方式，畢竟老年喪偶，任誰都會難過，不能因爲阿嬤提到老伴就哭，就斷定她不快樂，也許阿嬤跟一年前比起來，已經好很多了，也許不是那麼需要擔心的狀態。

雖然**好好哭一場有助於情緒宣洩，但對比較敏感、脆弱的年長者，並不鼓勵這麼做，建議要用幽默、開朗的方式互動**，例如，「妳看，阿爸是想讓妳輕鬆一點，不要那麼累，所以妳現在要好好過日子喔！」「不然以後妳去天堂遇到阿爸，他會罵妳喔！」若**年長者個性很強悍，很ㄍㄧㄥ，有淚不輕彈，就可以協助他宣洩情緒**。

呂依真心理師提醒，有些年長者因伴侶死亡深受打擊，覺得人生沒什麼值得追求留戀，伴侶死了，等於自己也死了，這點是很大的警訊，接下來老化、退化的速度會非常急遽。

難過永遠會在，不妨找出能讓玉蘭阿嬤轉移的重心和價值。鄉下阿嬤其實有很多選擇，例如：有人喜歡養雞養鴨，雞鴨是很活躍的動物，透過餵食、清潔等工作，有助於長者療育身心，減緩失能機率；有人喜歡種菜，不僅自給自足，呂依真心理師就遇過一名婆婆，每天挑菜到市場擺攤兩小時，像這樣從事有點生產力的工作，除了會很有成就感，也不會孤立於社會。

無論是尋找新的生活重心，或練習一個人生活，都建議先幫玉蘭阿嬤找一個長照據點，讓她去交新朋友，**當她認識別人的人生，她也慢慢會去想自己的**

人生要怎麼過。從前永遠把家人擺第一，現在她可以將自己擺在第一順位，玉蘭阿嬤應該也有一些喜歡做的事，只不過她可能都忘了，**需要一些環境和人事物去觸發，透過聊天等人際互動，有些記憶慢慢會被喚醒**。

開啟新的生活模式後，阿嬤的情緒應該也會有所改善，當她發現身邊的人也經歷過喪偶，會變得比較平常心，和大家一樣好好過生活。

嘉南療養院臨床心理師杜家興說，除了長照據點，許多醫院設有老年日間病房，服務對象多爲輕度失智長者，像玉蘭阿嬤這樣狀況比較好的年長者，一般會鼓勵他們來參加復健活動，與其他年長者一起互動。阿嬤那個年代的人，不喜歡麻煩別人，如果到長照據點被照顧，她可能會不好意思，**但邀請她來參與活動，並協助照顧行動不便的年長者，當她感到自己雖然年紀大了，還是可以助人，會爲她帶來生命的意義與活力**。

導入資源也是一個重要環節，例如，社區定期辦理共餐活動、請玉蘭阿嬤與其他年長者一起做口述歷史，每位年長者都有屬於自己的回憶，邀請學生社團來訪談和拍攝影片，讓阿嬤講述當地曾有過怎樣的故事，再把這些故事和照片分享出去，讓年輕世代認識台灣早期生活面貌，也讓阿嬤獲得關懷與傳承感。

3

助「迷路」的他找回方向

高齡照顧，『養身也要養心！』

3-1 晚年喪偶喪子度日猶如年

諮詢／黃宗正（國立臺灣大學醫學院附設醫院精神醫學部主任）
文／鄭碧君

喪親又獨居的年長者若無法從哀傷中走出來，情緒壓力會導致免疫系統改變，影響生理健康，惡性循環之下將增加死亡風險。請善用獨居長者服務，獲得陪伴並與社會維持連結。

「時間感覺變得好慢！」七十七歲的朱奶奶，長年面對一個脾氣暴躁又有「囤積症」的丈夫，同時又要照護癱瘓臥床的兒子將近五十年。近年隨著兩人分別離世，終能卸下重擔，但也備感孤單。

形同獨居的她，該如何調適心情？

一肩扛起照護重任，心內話只能向癱兒傾訴

朱奶奶育有二子一女，大兒子出生三個月後因腦性麻痺導致全身癱瘓，自

此有如「類植物人」狀態，生活起居全倚賴他人。二兒子早已獨立，卻也不常回家。女兒則是離家且失聯多年，還留下一個孫子。生活困頓的朱奶奶和家人住在漏水、滿是壁癌，且瀰漫著臭味的老舊屋房裡。因名下擁有房子，無法申請中低收入戶補助，僅能依靠拾荒與政府供予兒子的身障補助維生。

數十年來爲了照顧兒子，朱奶奶沒有朋友。儘管娘家有十一個兄弟姊妹，但幾乎已無往來。加上她雖能用台語交談，卻帶著極爲特殊的口音，難以和人順利溝通。朱奶奶人際關係極爲薄弱，即便是同住的家人，彼此之間也很疏離，丈夫性情乖戾，甚至動輒拳打腳踢。唯有不久前步入職場的孫子，在奶奶無法揹起癱兒洗澡時會給予協助，但或許是深怕自己被困在這樣的環境裡再也無法跳脫，孫子每天總是早出晚歸。

雖然躺床的兒子無法自理，需人餵食三餐、換尿片、翻身拍背等，不過他意識清楚，也能透過面部表情傳達喜、怒、哀、樂等情緒，使得朱奶奶的心情和壓力，只能對著這個癱兒訴說。

頓失生活重心，度日猶如年

前年，朱奶奶的丈夫過世，對她來說，比起難過，更多的是鬆了一口氣。

在中華民國老人福利關懷協會志工的協助下，把以前老伴囤積了一整個房間的無用雜物全數丟棄，環境變得乾淨清爽。然而，隨著年紀漸長，照顧兒子也變得越來越吃力，「太累了呀！現在幫他翻個身都會喘，最討厭幫他洗澡了，實在很辛苦……。」期間曾有社工詢問是否要協助轉介到安養院，放心不下的她斷然拒絕了：「不行！別人照顧不來的。」她說每天做一樣的事也會煩累，有時內心也會暗自埋怨老天，但是想想日子還是要過下去。唯一紓壓的方式，就是和兒子兩個人在客廳一起吃飯，一邊看電視，跟著節目開心地笑。

本以爲自己老了哪一天可能就離開人世了，也因此無數次想過若那一天到來兒子該怎麼辦。沒想到今年某天早上起床，準備開始一整天的例行公事時，正疑惑兒子爲何不像往常老是發出聲音，向前一探才發現兒子已沒了呼吸心跳。可能是因爲長久臥床，導致他全身各種機能逐漸衰退而過世的。

少了全天照護的負擔，朱奶奶的生活看似輕鬆許多，但她卻感覺失去重心與目標，「以前都要早起，替兒子翻身、擦臉、換尿片、準備早餐，現在不需要了，起床後覺得很孤單、空虛，每天都過得好慢啊！」而她原本規律的生活作息也被打破，經常有一頓沒一頓，有時甚至整天只吃一餐飯，更有多次完全沒意識到老伴和兒子已去世，「好幾次煮飯根本忘記他們已經不在，會不小心多煮，等到要坐下來吃飯才想到只剩我一個。」

在志工訪視鼓勵下，嘗試走出家門

兒子過世前，朱奶奶向來自認還算健康，或許是須擔負家庭照顧角色的責任感使然。兒子過世之後，照理說勞累狀況改善，身體應當更輕鬆。相反地，朱奶奶卻明顯感覺到自己的腰傷更嚴重了。另一方面，「雖然兒子什麼事也不能做，可是我說的每句話他都聽得懂，現在不知道該和誰說話。我寧可這樣一直照顧下去，也不願意一個人孤孤單單的。」她仍然走不出喪親的失落與悲傷。

對比之前先生過世之後可以毫無懸念搬除他所遺留的物品，那些和兒子相關的東西，朱奶奶至今則難以捨棄，「要是把它們都丟掉，我會覺得這個家一點溫暖都沒了，也沒有我存在的價值啦。」數十年來癱兒始終臥著的躺椅，如今依然放在客廳裡，朱奶奶更不時會對著空蕩蕩的躺椅說話。

這幾年因爲受到新冠疫情衝擊，回收物大量減少；加上爲了降低染疫風險，朱奶奶的拾荒工作遂暫時停止，也因此切斷了她唯一能和外界有所交集的連結。提到自己目前最需要的，朱奶奶表示就是「陪伴」。所幸中華民國老人福利關懷協會四年多來，每個月都會安排社工前來訪視並提供物資包。以往兒子還在時，社工每次會停留、聊天約半小時；兒子過世後，社工會刻意將訪視時間延長至一小時。「有人來關心、講講話，才不至於想東想西。很謝謝他們都會安慰我，提醒我一個人也要過得健康和充實一點。」

爲避免觸景傷情，加上很害怕自己一個人待在家的孤獨感，朱奶奶於是開始每隔一兩天到市場買買菜，或者到公園運動打發時間，「我想如果多出去外面走走，應該會比較好啦！」

想和你說

臺大醫院精神醫學部主任黃宗正指出，須注意喪親又獨居的年長者可能會有睡不好、吃不好，就連原本應服用的藥物也不會按時吃等問題。無法從哀傷中走出來的人，**通常會因情緒壓力而導致免疫系統的改變，又和大腦之間交互作用，因而影響到生理健康**。老年人的免疫系統原本就較爲低弱，在不斷惡性循環之下，最後健康狀況會變得極差，甚而造成死亡。

政府目前針對獨居長者已有各項社會福利服務，黃宗正醫師建議可向以下管道尋求協助：

「各縣市社會局獨居老人服務」
「各縣市銀髮族服務或老人福利」
「一葉蘭喪偶家庭成長協會」
「長照2．0」／長照服務專線：1966

另提醒，政府對獨居老人的定義，與一般人的認定有些不同，比方大家通常以爲「單獨一個人居住」便稱爲獨居，其實有些是「雖有同住者，但同住者無照顧能力」也符合，並且各縣市的界定不太一樣。若有需要使用獨居老人服務者，應先查看資格是否相符，或可先洽詢各地社會局。假使不符合，亦可使用一般老人服務，如社區關懷據點、銀髮俱樂部、老人服務中心、長青學苑、樂齡學習等。如果是失能者，則可尋求長照的服務。

3-2 養身，也要養心

諮詢／李玉嬋（國立台北護理健康大學生死與健康心理諮商系教授）
文／林稚雯

照顧高齡者，除了照顧生理層面：幫助他們攝取足夠營養、維持運動習慣，使其能擁有自由走動、自行如廁等日常生活的基本能力之外，也要照顧長者的心理層面：不要過度干涉長者，讓他保有決定和安排生活的權利，才能夠有效減緩焦慮、低靡情緒的出現。

「視茫茫，髮蒼蒼，齒牙動搖。」是古典文學中對於老年時的身體狀態很經典的描述。雖然隨著生活環境、醫療技術不斷的發展，不僅人們的平均壽命越來越長，老來仍舊健壯的機會也越來越高。但從年少到年老，在生理機能自然老化的過程中，五感功能會衰退，四肢機能會減弱，仍是不可避免的，終究會造成日常生活的不便，進一步影響心理狀態與人際關係的健康。

老年時會面對的改變和挑戰

文伯和美姨是一對很恩愛的夫妻，文伯今年九十歲了，美姨也達八十八歲高齡。兩人從年少起相識相守，結縭至今已經超過了半個世紀。早年時文伯趁著年輕力壯在工作崗位上努力打拚，爲家庭積攢了夠用的積蓄；美姨則是成爲家中最溫柔細心的守護者，打點好一切大小家事，也陪伴寶貝女兒婷婷健康快樂的長大，即便已是高齡的她，也仍盡心盡力、親力親爲的照顧著先生。

不過，隨著年歲不斷的增長，體力變差，縱使美姨有心要如以往般照顧先生的日常起居，但煮飯洗衣、打掃住處的工作終究太過吃重，美姨漸漸覺得力不從心。眼看雙親的老化衰退，約十年前起，婷婷即擔起照顧父母的責任，除了不間斷的噓寒問暖外，也爲倆老聘請了一位女性外籍移工，請她來協助兩人的生活大小事。在外籍看護的盡心協助下，這十年來過得算是平安順遂。

今年開始卻有了新挑戰。邁入九十高齡後，文伯的身體狀況有了更大幅度的衰退，夜間頻尿，想上廁所的情況越來越密集，但文伯腿部肌肉流失嚴重，導致走路時的支撐力不足，常在要前往廁所的途中摔倒。

對此，美姨很心疼老伴跌得滿身傷，卻因自己同樣體力衰退，也沒辦法在第一時間就將先生從地上扶起。知曉父母所面對的問題後，婷婷的直覺反應是：「那就再多請一人來幫忙吧！晚上就請她和爸媽一起睡，這樣有什麼狀況都可以即時照料！」

理解不同，應對方式也不同

沒料到，婷婷的一番好意卻遭到母親大力反對，兩人還大吵一架，母女三天都不願意和對方講話。美姨表示：「我這輩子晚上就都只和老伴在同一張床上過夜，現在房間要突然多一個人，光用想的，我就睡不著啊！還是她的意思是，要我們夫妻倆從此就分房睡嘛，這像什麼話！」

後來婷婷向諮商心理師李玉嬋教授請益，才瞭解到母親的生氣與反對，並非無理拒絕自己的好意，而是若聘請外籍看護夜間同房照顧，這位新成員彷彿成了兩人世界的破壞者，同時也剝奪了媽媽過去照顧家人的角色與任務，媽媽在個人定位與功能都可能受到破壞的情況下，才會有這麼激烈的反應。

瞭解後，婷婷帶著不同的眼光與媽媽重新商談此事，也達成共識，改由已服務十多年的資深外籍看護來協助夜間如廁的工作，不過會在文伯的床邊裝設呼叫器，按鈴後在夫妻倆的同意下，看護才進房協助，完成後還是各自回到房間休息。將要聘請的新看護則請她來負責白天的家事。

想和你說

台北護理健康大學生死與健康心理諮商系教授李玉嬋表示，看待老人家的狀況，可分成「身」、「心」、「靈」三大面向，她認爲「一老必有一破」，隨著年紀增長，身心靈的退化、衰敗，都是必然的現象，會先經歷何種老化問題則是因人而異。只不過眞的發生時，多數人難以接受甚至會焦慮痛苦到灰心憂鬱。然而，目前對於老年照顧仍多將重心放在於身體層面的照顧，常見的照護資訊也以疾病衛教、營養補充爲大宗。對此，李玉嬋提醒：**「高齡照顧不只是生理機能的健康，『養身也要養心！』」**

例如文伯的腿部肌力不足，造成走路顫顫巍巍，心裡想著尿急要趕快去廁所，但步伐卻跟不上。對他來說，不再如年輕時的健步如飛，除了要承受跌倒造成的皮肉傷外，**更大的傷害在於失去行動力所造成的失落感受，甚至可能因此產生憂鬱傾向，進一步衝擊睡眠品質，再進而帶來生活步調的影響。**

有別於文伯的生理老化困境，美姨雖然體力尚可，但面對聘請新看護後給生活帶來的改變，**即使這種安排是出於善意，但對她來說，卻也意味著她在家庭中長期擔負的責任與地位將不復存在，頓失自我價值感與個人尊嚴。**因此對婷婷看似無微不至的照顧安排提出抗議，其實是要保持她對自我生命的掌控權。

李玉嬋教授指出，固然華人社會常說「家有一老，如有一寶」，但在對待年長者時，如果照顧和呵護過度，有時彷彿在提醒年長者「我已經老到沒有用了，才會什麼都需要別人照顧！」**過度的照顧可能讓年長者變得過度脆弱，適度尊重給予自主掌控權的賦能作法，其實更能幫助年長者安於老境。**

照顧年長者，除了要先從生理層面做起，幫助他們攝取足夠營養、維持運動習慣，讓他們能擁有自由走動、自行如廁等日常生活的基本能力之外，平時只要年長者還可以自己來的事情，建議就不要過度干涉。**當一個人能保有做決定和安排生活的權利，他心理的尊嚴感也就一併被保留，反而對老年時期的心理健康有幫助，能夠有效減緩焦慮、低靡情緒的出現。**

此外，年長者若要保有良好的心理健康狀態，除了上述之外，若能從中年時期就開始正視老後的生活，透過向他人請益，多方面充實相關知識，瞭解到什麼是正常老化的過程，並培養老年生活仍可以感到愉悅的活動和興趣，多結交可以一起到老的朋友，都能有效幫助自己處理老年時遇到的各樣挑戰，仍可能活出老後生命的亮點。

3-3 「老伴」新定義

諮詢／楊美賞（前高雄醫學大學護理學系教授）
文／鄭碧君

要能「老得好」，除了調整心態、正向面對老年、維護身心健康、儲備足夠生活的資金外，還要學習經營「友伴關係」。

有句話說「少年夫妻老來伴」，意思是年輕夫妻經過長時間的相處和陪伴後，兩人到了老年仍相互的支持與照料。但是，對於失婚、喪偶或終身未婚的人而言，老來無伴該怎麼辦？

歷經兩次婚姻挫敗，廣結善緣享受自在獨居生活

聽到「老伴」一詞，大多數人都認爲是「陪伴度過晚年的配偶」，但對曾有兩次婚姻，卻都以離婚收場的阿興伯來說，他的老伴是一群「年老時可以一起

作伴」的鄰里好友。

七十七歲的阿興伯約在四十年前，因緣際會前往美國居住，未料陪同到異國生活的第一任妻子受到外在環境影響，性情丕變，兩人因而離異，兩子一女也選擇和媽媽一起離開，「唉，沒辦法啦！大部分夫妻離婚，小孩都是要跟媽媽的……這很正常。」儘管這樣說道，但阿興伯至今口氣仍難掩落寞，回想當時有一段時間心情低落到想乾脆放下美國工作，回來台灣。

後來朋友看他孤家寡人一個，介紹認識了一位越南華僑後再婚。兩人一同在美國創業打拚十多年，沒想到阿興伯在一次中風後，第二任太太竟趁著他行動不便，將銀行帳戶裡的存款偷偷轉出。眼看已無法共同生活，兩人於是分道揚鑣。提起兩段親密關係的失落，他說：「所以後來想想，從此還是孤單一個人過吧！」

直到六、七年前，阿興伯才回到台灣，買了一間小公寓，打算在此度過下半生。當他意識到此後需獨自一人過活後，就和社區的鄰居和睦相處，也開始參加社區裡的銀髮俱樂部，結識許多同齡友伴。「既然已經選擇在這裡生活了，就要熟悉這個環境，交一些朋友，搞好人際關係，這樣才好過日子啦！」

每天早上，十幾個「老伴」便會聚在一樓中庭聊聊天，「大家一看到我，都會很熱情喊一聲劉大哥，那時心裡就覺得很溫暖。」阿興伯說自己因多年前中風留下後遺症，至今仍有步態不穩的問題，有時這些「老」朋友們外出買菜，也會想到他，總會貼心撥通電話詢問，順道幫他採買回來。

爲了增加互動，他也勤於使用通訊軟體。超過九十位 LINE 好友，一早便會收到阿興伯傳來的早安問候圖或影片，「其實就是告訴他們，我還健在，還可以和你們保持聯絡這樣啦！」他也以自身經驗鼓勵跟他有著類似境遇的人，**「年紀大又失去了另一半，就要學著堅強一點，想得太多鑽牛角尖只會越痛苦。要想辦法活得快樂，照顧好自己的健康。」**

終身未婚百歲師，活出精彩人生

今年已近一百歲的胡老師，一生未婚，奉獻教育，作育英才無數。學生如玲與她相識數十載，特別提到在老師身上看到「一個人如何與孤獨相處，而且活得充實愉快」。

如玲觀察，胡老師最大的特質就是「自律」。因爲自律，所以起居生活十分規律，亦維持著走路、騎單車的運動習慣，所以即便單身到老，也能獨立過好每一天，健康狀況和同齡者相比來得更好。

興趣廣泛、學習不輟，則是胡老師日子過得富足又優雅的第二把金鑰。雖已九十歲高齡，她仍跟著大家一起學烏克麗麗，也學陶笛，甚至在修習繪畫之後還辦了畫展，也會幫忙公益團體募款。如玲也是在老師薰陶之下，一起跟著學習書畫。「好像沒看過她寂寞的時候。她一個人時會讀讀書、玩拼圖，一千片的拼圖可是難不倒她呢！」至今胡老師也經常會使用LINE和學生們保持互動。

雖一生並無孕育子女，但胡老師將學生視爲己出般，嚴格教導之餘亦疼愛有加。待己則是十分自制簡樸，卻把退休金捐給偏鄉醫院或其他有需要的機構，因此周圍的人對她無不充滿感恩與敬佩。「她當過許多人生命中的貴人，助人之事不計其數。」如玲說，胡老師的家中時時可見學生上門，把冰箱塞得滿滿的。前一兩年胡老師手術住院，因疫情之故，很難找到合適的看護，聞訊之人皆極力奔走，最後如願找到可以協助照護的人力。

考量胡老師年事已高，且有慢性病在身，幾位學生遂與老師的至親商討，將其接回老家安養天年。「人老了難免會有疾病，但我的感覺是她根本忘病！當然還是有按時吃藥，也有定期回診，可是從未聽她說自己的病痛，生活一如以往的安心快樂。這兩天看到她傳來的影音檔，我還跟先生說也要來學怎麼製作影片咧！」

想和你說

曾任高雄醫學大學護理系教授多年、現已退休的楊美賞表示，無論是否有婚姻，都免不了要孤獨一人走向終點，即便是有配偶者絕大多數也會面臨老伴早一步離開人世的情境。**要能「老得好」的關鍵，除了在心態上要正向面對老年期的到來，盡力維護自己的身心健康之外，在經濟上也要儲備足夠基本生活所需的資金，以免有後顧之憂**。

此外，家人關係固然重要，**但也要建立自己的交友圈，多與外界聯繫，避免一整天宅在家。學習使用3C、智慧型手機，透過LINE和朋友交流也是一個好方法**。不過，楊美賞老師也提醒年長者，網路上假訊息氾濫，自己要懂得思辨；尤其是和養生醫療相關的消息，攸關身體健康大事，應先求證內容是否正確可靠，不要輕易相信。再者，不管是老年再創業、資助子女，或是像個案中的胡老師參與社會公益，都應預留足以照應自己生活所需的積蓄。

4

第二人生，
整裝再出發

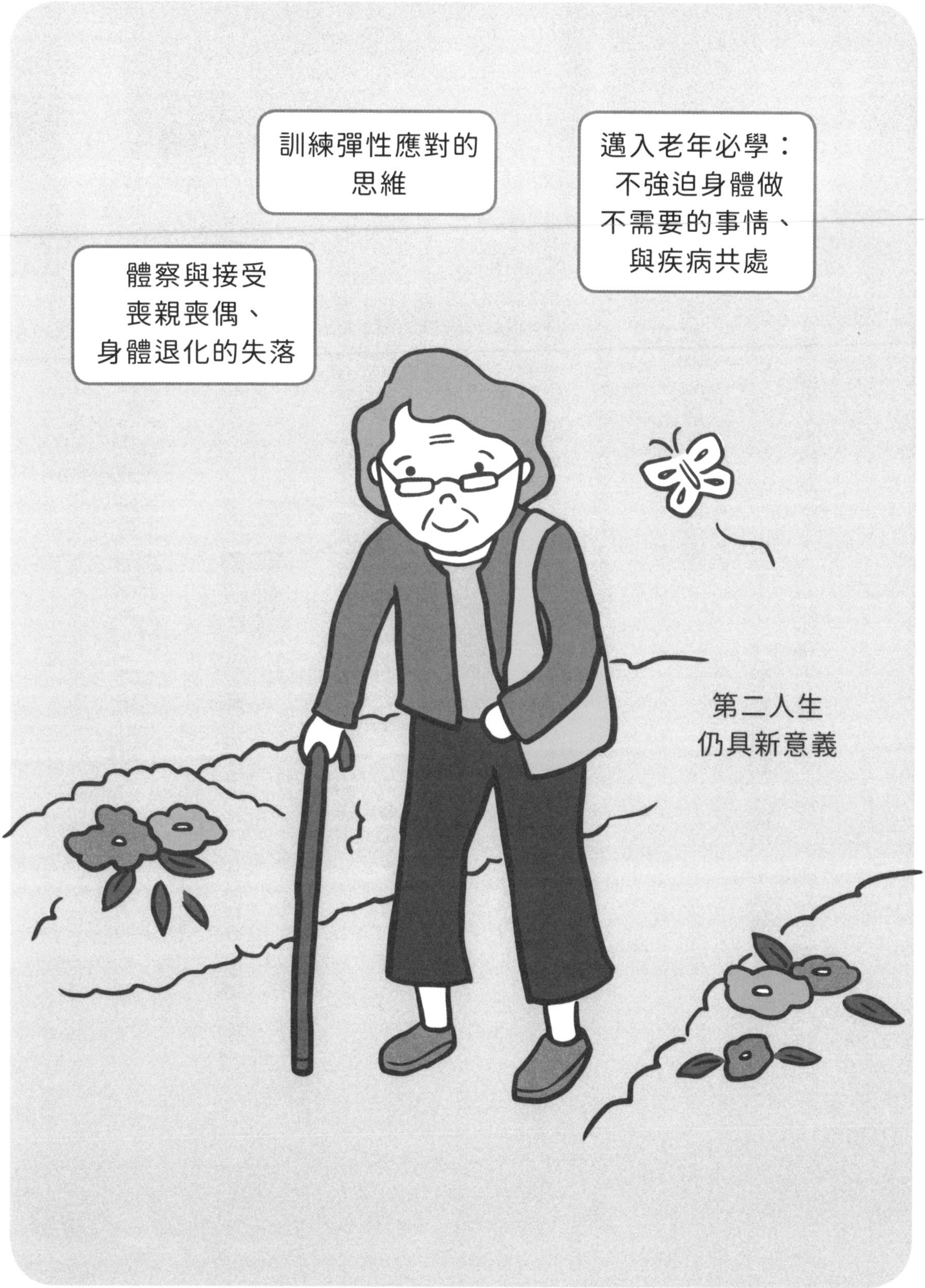
訓練彈性應對的思維
邁入老年必學：不強迫身體做不需要的事情、與疾病共處
體察與接受喪親喪偶、身體退化的失落
第二人生仍具新意義

4-1 揮別失親喪偶的哀慟

諮詢／黃宗正（國立臺灣大學醫學院附設醫院精神醫學部主任）
文／鄭碧君

失親喪偶的哀慟反應程度，與當事者的個性、與逝者的關係緊密度、支持系統、去世原因、臨終過程等有密切相關。研究指出，配偶去世對年長者身心健康衝擊最大，恐誘發新的疾病或使原有疾病惡化。

儘管生老病死是生物界的自然現象，也是人生必經的過程。然而，一旦至親或摯愛離世，仍然使人悲痛不已。對年長者而言，這種痛尤其強烈，若未能調整適應或接受協助，恐對年長者的身體健康產生影響。

配偶去世，恐提升喪親長者死亡風險

臺大醫院精神醫學部主任黃宗正表示，**在所有喪親之痛中，情緒反應最明顯或衝擊最大的，應屬配偶的離去**，而且這種衝擊，不僅是心理感覺憂傷，就連生理機能也可能面臨很大的改變。曾有研究發現，**和配偶仍在世的老年人相比，因配偶去世而感覺憂鬱、悲傷者的死亡風險較高**，認爲是因爲喪偶後，免疫功能受損，以致誘發新疾病（例如癌症）的產生，或是使原有疾病惡化。這種情況被稱做「喪偶效應」或「寡居效應」(widowhood effect)。

曾有學者針對「心理－神經－免疫」之間的相關性進行一系列研究，稱爲「心理神經免疫學」(psychoneuroimmunology)，**發現當人在面臨重大壓力時，憂鬱、焦慮等精神狀態，會使身體的免疫與內分泌系統也跟著改變**。另外，悲傷的情緒也會讓大腦的神經迴路功能出現異常。不過，因著每個人狀況不同，改變的程度也不會一樣，譬如有的人原本身心狀況較好、對配偶的依賴性比較低，造成的改變會相對較小。

爲何情感反應不一？影響哀慟潛在五大因素

無論是配偶、父母或子女過世，其引發的情緒反應，因人有很大的個別差異。黃宗正醫師說明，從研究來看，可能和以下因素密切相關：

1、喪親者本身的個性：性格外向開朗，或是對自己身心狀況較有知覺的人，在遭逢喪親時的適應力會比較好。相反地，如果過去總是很依賴別人、有神經質傾向、平常對大小事都容易操心、過於執著不懂得放下的個性，若經歷喪親，恐怕會對情緒和日常生活帶來較嚴重的影響。

2、**關係緊密度：**假如逝者在往生前的一段時間裡，與喪親者之間有非常深的依賴關係，也容易加重悲傷的情緒。而這份依賴關係又可分成兩種，一是情感上的依賴，二是工具性的依賴，即偏向日常生活的協助與照護。

3、**喪親者本身的社會支持系統：**喪親者平日的生活中若還有其他親戚、朋友，或是會定期參與的社會網絡，如教會、社團、學習團體等。當喪親者的社會支持系統越好，日後應對喪親事件的能力也會越好。

4、**去世的原因：**若至親或配偶是因久病，或病情惡化速度是在預期中而過世，對喪親者造成的衝擊力道相對較小。但如果逝者是在突然、非預期下死亡，會增強喪親者的憂鬱情緒。

5、**臨終過程：**在陪伴逝者走完人生最後一哩路的的過程裡，是否能從中發掘意義，也會決定喪親者的預後情形。所謂的「意義」，可以用我們在臨終關懷中常聽到的「四道人生」來做說明，亦即**逝者與喪親者在僅剩的時間裡，若能完成「道愛、道謝、道歉、道別」，喪親者面對失去的反應就會比較健康，憂傷的時間也不至於拉得太長。**在進行四道的互動之中，可幫助喪親者避免僅聚焦於死亡本身，以及「你不在了我該怎麼辦」等想法，能看到生命還有其他更豐富的面向。不過，有些人或許來不及在逝者生前達成四道人生，**建議不妨透過寫信方式，向過世的親人道愛、道謝、道歉、道別，有助於防止喪親者陷入悲傷反應時間過長，或過於強烈的哀痛當中。**

除此之外，也有一些研究提到個人是否有宗教信仰、嗜好或興趣，可能會有影響。但上述五點仍是最常被提到、確認存在高度相關性的因素。

經歷喪親的失落，長者常見的感受和反應性情緒

黃宗正醫師指出，失去至親或配偶，最常見的反應是情緒低落、焦慮與失眠，有些人甚至會產生「我不再擁有、沒能力擁有」等念頭，而變得缺乏自信。**焦慮常源於喪親者對自身生存的不安**，比方「以前都是他陪我○○○，現在他走了，我該怎麼辦」。

還有人會有「自責」情緒，認爲是自己做得不夠好、該做沒有做，或不該做的卻做了。例如：媽媽請女兒出去買瓶醬油，結果女兒出門後發生意外喪生；或是爸爸鼓勵兒子壯遊體驗人生，兒子卻在騎自行車環島的路上車禍身

亡，都會使喪親者自認事件是因他而起，而出現愧疚、悔恨或罪惡感。黃宗正醫師表示，臨床上也曾碰到個案是夫妻感情長期不佳，先生後來生病需整天臥床，太太不得已只好擔起照顧重任，幾年後的某天丈夫過世了，太太竟也憂鬱起來。原來是這位婦人覺得配偶嚥下最後一口氣時她不在場，直到一兩個小時之後才發現，覺得先生好像是她害死的一樣。

除了情緒上的反應之外，**喪親者在與他人互動時，也經常出現社交退縮的狀況，最大的主因是憂鬱，還有一部分是不想面對旁人的關心和詢問**，像是「你先生怎麼過世的」、「怎麼會發生這種事」、「上禮拜看到他不是還好好的嗎」諸如此類的話語，常使喪親者乾脆不出門，藉此避開令人困擾的情境。

持續哀傷數月、出現幻覺，務必尋求專業協助

喪親的悲傷、失落的適應，都需要時間。但要是哀慟持續很長一段時間，就要特別注意。黃宗正醫師提醒，**一般人在配偶或親人過世後約三至六個月，大多可以走出來，這種哀慟反應不一定需要專業的心理諮商或治療介入**。可是當喪親者已演變爲「病態性哀傷」(pathological grief) 時，就應積極處理，包括以下症狀：

1、時間拖延過久：若哀慟情緒超過半年，恐須注意是否為「病態性哀傷」。

2、出現精神病相關症狀：也許悲傷時間還未達六個月，但已出現幻覺，甚至妄想逝者還活著、未曾離開等，也是病態的現象。

3、有強烈的自殺意念：例如直接透露厭世、意欲尋死的想法，或有了結生命的反常行為時，應格外給予關注，並適時尋求精神醫療等專業的協助。

走出失落幽谷，找回繼續前進的力量

失去摯愛後，該怎麼在生活中重新找到快樂和新的意義？黃宗正醫師提供幾個參考做法：

1、盡快恢復正常作息：家人或子女應協助喪親者回到生活常軌，盡可能保持規律作息，三餐正常。如果喪親者對逝者的依賴甚深，可考慮聘請幫傭，或是子女搬回同住等措施，讓最基本的生理需求能得到照顧。

2、同理與陪伴：避免說出「我們還是要讓事情過去」、「不要想太多」、「太陽明天還是會出來，你還是要過日子」等話語，因為這些言詞隱隱暗示著對喪親者的批評，反而會讓他更不舒服。宜採取「同理」與「陪伴」。所謂同理，是指當喪親長輩表示很難過時，用「我可以感覺到你很難受」、「我很遺憾」等說法，而非「你應該……」、「不應該……」，或帶有任何評斷的回應。若實在不知該如何安慰或說些什麼，則安靜陪伴即可。在耐心聆聽喪親者抒發哀傷之餘，若想給予實質的協助，也應依照對方的生理或心理需求來提供協助，比方可詢問是否要陪他一起吃飯、代替他出門辦事，或爲他準備飯菜等。

3、**照顧心靈需求：**鼓勵喪親者把想跟逝者說的話寫下來。可將信件放在抽屜裡保存，也可燒給往生者，端視喪親者的意願。若喪親者有宗教信仰，也可陪伴他前往寺廟或教堂，藉由某些宗教儀式，幫助他紓解憂鬱的情緒。

4、**完成逝者生前最關心或未能完成之事：**譬如逝者生前樂於助人，會定期捐獻或佈施，喪親者可接續著做，爲逝者實踐其心意。如果逝者有未了的心願或夢想，親屬亦可鼓勵喪親者爲亡者做點事，有助減輕哀傷。

5、**在極其悲傷時，吃不下、睡不著是很正常的。**家人應注意喪親者是否出現因過度哀傷以致食慾不振和出現睡眠問題，這些可能會影響身體健康，必要時務必就醫。可先透過醫師診斷與開立藥物，改善生理狀況。

4-2 陪伴母親終老，學習好好變老

文／鄭碧君

變老是每個人都會經歷的課題。學習老，可以從陪伴長者開始。透過實際照顧與陪伴，預習變老，盡早爲老後生活做安排，學會自己照顧自己，就能有尊嚴地老去。

「過去的學校教育不會告訴我們『老是怎麼一回事』，決定照顧媽媽後，我也在照顧的過程裡開始學習怎麼變老。」七十五歲的陳堅志，在十年前剛升格成爲所謂高齡者時，選擇隨年邁母親一起住進安養院裡，用四年半的時間陪媽媽走人生最後一段旅程，也爲自己預備健康充實的老後。

尊重老母意願，擇定最適合的奉養方式

陳堅志在壯年時自空軍飛行員退役，隨即至海外企業 Nike 鞋廠工作，笑稱

自己「從天上飛的跑去做腳下踩的」，之後又開設顧問公司，直到六十五歲，得知媽媽罹患帕金森氏症遂決定退休，全心照護。「因爲爸爸過世之前，我有答應他會陪著媽媽，於是就放棄工作了。」陳堅志說，因媽媽不願意讓子女們聘請外籍看護陪伴，若由兄弟姊妹輪流照顧，媽媽就得在不同家庭間適應，但她已習慣原本居住的環境，也不想離開老家。況且弟妹們有人身體健康欠佳，有的則正在衝刺事業，或人在國外，似乎也欠理想。「我小孩大了，算是最有空的。」不過，若將媽媽接回自家長住安養天年，他又擔心難免面臨婆媳相處的問題。

碰巧此時陳堅志的太太發現體內長有腫瘤而動了一場手術，讓他心中打定主意：自己的媽媽要自己照顧。遂萌生「和媽媽同住養老院」的念頭。他首先和太太商量，徵得同意，再與其他五個弟弟妹妹召開家庭會議，詳細說明原由，大家亦一致通過。**「照護長輩要找到一個對所有家族成員最好、最適合的方法，而且務必要得到另一半的支持才能做。」**

自行整修養老院房舍，哄媽媽「陪我住」

此外，陳堅志認爲，無論是老人長期照顧中心、養護所或養老院，都應選擇位在住家附近、有熟悉感的地方。因此，他最後選了距離老家車程約十五分鐘的老人安養中心，「山上環境很好，有家庭式住宅，坐擁前後院的房舍，從窗戶望出去就是一片綠油油的森林。」然而，由於房子已有三十幾年屋齡，兼之當初建造時並未規劃無障礙設施，陳堅志便和院方商討，由他自費修繕並設計。

於是，這間二十四坪、坐擁前後院的一樓房屋，經他巧手改造後，不但煥然一新，隔間也完全符合照護上的需求：客、餐廳和廚房採開放式格局，方便日常生活與走動；媽媽休憩的套房和他自己睡覺的臥室，透過一個裝設了洗手台的通道爲隔，當母親有任何需要或動靜，便能及時照看與協助。空間設置完備之後，問題來了，「個性固執的老媽不同意搬進來，她說我自己就有房子，幹麼住到養老院裡。」

爲了說服老人家同住，陳堅志一個人先搬進養老院。某天，趁著母親剛做完白內障手術，需要有人看顧的時機點，再用他自己喜歡住山上，太太又到美國探視女兒也不在家等種種理由，「我來照顧你，待在這兩個禮拜就好！」半哄半騙地終於讓老媽媽陪他住下。兩個禮拜之後，母親竟也似習慣了，並沒有堅持一定要離開，陳堅志便承諾會一直陪著她，要她安心待著。陳奶奶遂於養老院安享晚年，「其實，不管在外租房子或到養老院，只要有孩子的地方就是家。」

竭力侍病壓力大，差點累出病來

雖然照顧媽媽時，自己也已是「合法老人」，但陳堅志坦承自己當初眞不知道老是怎麼回事，「甚至我都不覺得自己老啊，畢竟當時會退休、不再工作，純粹是爲了媽媽。」不過，既然要照護老老人，他也積極學習變老，包括到高齡政策產業發展協會主辦的「親愛的我老了」擔任導覽志工，現在更接下理事一職；並且還重回校園，就讀與高齡政策產業相關的研究所，修業約兩年半取得學位。

陪伴母親的這段時間，陳堅志也學會了如何爲老人剪髮、按摩緩解便祕、協助沐浴，亦開始體會到當人逐漸老化時，在心理和生理上可能出現的改變，例如：不喜歡洗澡、不喜歡外出、缺乏安全感、憂鬱、煩躁沒耐心等。努力學習並理解的同時，某日他發現自己竟在兩年多時間裡胖了將近二十公斤，「我看書才知道這是暴食症，也才曉得原來自己的壓力有這麼大。回想那時，的確是靠著猛吃東西來紓壓。」他說壓力可能來自於「想盡可能把照顧做到最好」的自我要求。自此之後他開始運動、種菜、讀研究所，讓生活更充實，也能從日復一日的照護中獲得喘息空間。

調適喪母傷痛，為「變老」做好準備

因著疾病，陳奶奶日漸衰弱、失能，享耆壽九十歲過世。「當媽媽離開的時候，我大約是心裡有數的，也做好了準備，」儘管陳堅志在貼身陪伴之中，對母親的變化已有預期，但他自承頭兩、三年的確有點走不出喪親之痛，「經常覺得很難過，每一天都會看著先前幫媽媽拍攝的影片，陷在回憶裡。」所幸後來自己慢慢調適，這種深沉的思念拉長為一星期一次，然後是一個月一次。

回顧那幾年陪侍在母親身旁的日子，陳堅志認為，**要學習「變老」，最好的方式就是去陪伴老人**。「不侷限於親人的照顧，因為不是每個人都有子女或親人在身邊，也會面臨是否合適等問題，」他所支持的，是讓初老者陪伴中老或老老的「時間銀行」概念。此外，他也分享前衛生署署長楊志良倡議的「第三家庭」，亦即跳脫血緣、婚姻等親屬關係，由同為銀髮族群的朋友或鄰居相互陪伴、照顧。

經歷了變老的「預習」，如今的陳堅志更留意自己的作息和飲食，身體若有任何狀況也會讓太太和女兒知道，並期盼「能夠有尊嚴地老去」。而要達成這樣的目標則需要**「盡早為老後生活做安排，學會自己照顧自己」**。

4 3

服老——學會照顧自己、彈性應對

諮詢／林家興（國立臺灣師範大學教育心理與輔導學系兼任教授）
文／林稚雯

年老時身體或多或少會有病痛。面對「疾病」課題，不妨將目標設定爲「與疾病和平共處，維持不惡化、不影響生活」。老年時的一項必要功課，便是學會不強迫身體做不需要的事情。

身體隨著年紀愈長，越發老化，讓長輩們在日常起居的各個層面中，都免不了發生了一些轉變。

年輕時，食衣住行都能自理，想去哪就去哪，想吃什麼就吃什麼，每天都能照著個人心意過得充實而自在。年老時，動作越來越不利索之外，有越來越多的退化或疾病，對身心都帶來影響。一旦處處都需要人協助，對長輩們來說，日子似乎過得天天都得看別人的眼色。

年輕時，晚間就寢，幾乎是頭沾枕就睡著，不只容易入眠，也能一覺到天亮，神清氣爽。年老時，睡眠問題幾乎每個晚上報到，躺了好幾小時，翻來覆去，總是睡不著；即便睡著了，也很容易一下就醒來；甚至老伴翻個身，就足以讓人從夢鄉中甦醒。

不禁得問，老年生活，一定是這樣受限又不愉快嗎？

東方社會中的老年光景

臺灣師範大學教育心理與輔導學系兼任教授林家興表示，每個人都會歷經從年少走到年老的過程，**而老化，除了體能的改變外，對於老年生活節奏調適、感受到體力變差、病痛增多，整體生活掌控度的降低都會帶來心理層面的壓力與困擾。**

在體能的改變上，生病是東方社會長者會比較具象、容易說出口的困境。但長輩若面臨的是對老年階段的適應不良，甚至有憂鬱傾向：仍爲家中大小事、晚輩的生活操煩、擔心自己的身體越來越不好，甚至擔心「生老病死」中的最後一個階段等，這些真實且複雜的感受，則在東方社會的文化脈絡下，很容易會被忽略，長輩自身也避而不談。

林家興教授提醒，**老人家無法自在地將內心的思慮與感受告知家人，但可能藉由較大起伏的動作和情緒來抒發**，或者會用胃口不好、身體這裡痠那裡痛、很累、老了記性不好啦等各種與生理狀態相關的問題來表示。

「長輩將心理困擾和生理問題混雜在一起，很容易讓人無法一下就了解問題的癥結點在哪裡。**照顧者在與長者相處，聽他們抱怨時，要更細心、耐心的去理解，才能眞正找到解決問題的方式。**」

除了要辨識長輩眞正需要解決的老年困境之外，林家興也補充，「身」與「心」是相互影響的，身體不舒服，可能導致心情不好；而內心有太多無法被人了解的感受，也可能會造成身體的疾病。因此，在照顧上，「**生理上的疾病要優先處理，透過正規的醫療照護，讓生理疾病獲得控制後，再著手釐清心理方面的問題。**」

爲自己的老年負責，及早開始

要老得好，除了照顧者分辨和處理問題的知能要提升之外，林家興教授認爲，「與其遇到問題才要解決，不如從防患未然做起。」如果我們每個人不想老後的每一天都是在病痛、鬱悶中度過，最好的對策，**就是及早開始自我照顧，**

對自己的生活負責。

林家興教授以一位罹患類風濕關節炎的胡奶奶爲例。她年輕時就罹病，所以早早就意識到「需要更早也更好的準備老了要怎麼過。」

除了力行健康生活、透過醫療照護來穩定疾病外，胡奶奶想到「關節炎可能越老越嚴重」，於是她陸續將家中空間重新規畫，把有高低落差的地方全改成無障礙坡道，也將浴室加裝扶手、設置洗澡椅。甚至，爲了要維持老後也能有自在且安全走動的生活，胡奶奶也不忌諱地預先試用、買好了拐杖，「每樣準備都在她邁入老年時帶來了幫助，即便病痛在身，預先準備好了，日子就不會那麼糟。」

魏爺爺是相對的例子。魏爺爺時常感到身體不適，只要不舒服，他就會很主動的要去看病，有時看了還不安心，還會再衝去急診就醫。

魏爺爺總是對著家人抱怨「老了就一身病痛！」，久了家人認爲魏爺爺就是這樣習於抱怨，而不予理睬，促使他用更多時間自行四處求醫，醫師開立的藥物越來越多。

然而，魏爺爺常常拿了藥不吃，落入「抱怨不舒服──未獲兒孫理睬──重複就醫──醫療資源浪費」的惡性循環。

林家興教授表示，年老時身體或多或少都會有病痛。他建議長者，除了要就醫、配合醫囑外，**與其一味追求治癒，不如將目標設定爲「與疾病和平共處，維持不惡化、不影響生活」更爲適切**。

「如果疾病能控制到不影響你享受人生，那麼有沒有完全好，也就不成問題了。不必爲了追求那達不到的境界而生氣、焦慮。好好把握老年時光的每一天，盡力而爲、已然足夠。」

轉個彎，也很好

例如上面提到的胡奶奶，類風濕關節炎會不定期的讓她感受到疼痛與疲累。當非常不舒服時，就算是白天，胡奶奶也會選擇睡覺休息，結果免不了會發生「白天睡多了，晚上睡不著」的窘況。

這時胡奶奶認爲，與其硬要在夜間想辦法入睡，不如利用時間看點書或影片，甚或先準備早餐，累了自然會想睡的。反正她已經退休，時間都是自己安排，那就確定自己沒有累到就好，**睡的時間可以自由選擇，毋須爲沒有達到多數人的睡眠型態感到焦慮，或因此就定義自己是「睡不好」的族群**。

林家興教授說，胡奶奶的故事除了是預備老年生活、與疾病和平共存的絕佳案例外，她面對困境時的彈性做法同樣值得學習。

「**身體是有能力建立自我規律的有機體。**不論再怎麼抗拒，太累了就是會睡著，睡飽了就是無法入睡。**老年時的一項必要功課，便是學會不強迫身體做不需要的事情。**」

4-4 重拾健康身心，永遠不嫌晚

文／鄭碧君

心理會影響生理，要是人不開心，身體會更不舒服。年長者要克服衰弱與疾病不適的限制，要持續動腦、動身體，就能重拾身心健康，擁有樂齡生活！

年紀漸大，體力下降、生理機能也隨之退化，甚至可能還有疾病纏身，導致許多年長者認爲自己沒辦法做什麼事，因而不喜活動，不愛出門。然而，整天宅在家，除了活動量不足，缺乏社交生活，還可能影響身體與心理健康。那麼，年長者應如何克服衰弱與疾病不適的限制，積極改善生活品質？

樂觀面對疾病×積極生活，學習與疾病共存

五十八歲的燕芳已退休多年，雖然年紀不大，但是身體狀況卻猶如風中殘

燭，十分孱弱。三十多歲時，她被診斷患有嚴重心臟病，往後數年，陸陸續續有其他內臟器官和體溫調節上的問題，最後才釐清是她的腦下垂體腫瘤在作怪。燕芳的甲狀腺失去功能，以致無法即時察覺氣溫變化，不具備常人可感知與調節溫度的能力。「通常都是冷到出現劇烈頭痛、上背部疼痛，或者熱到像中暑那樣極度不舒服的情況，我才會知道。」燕芳甚至會因天氣太冷造成腦部微血管破裂、引發蜘蛛網膜下腔出血而住院十天。此外，腦下垂體組織受到腦下垂體腫瘤的壓迫，也引發她腎上腺功能不全和自律神經失調，以致不斷出現各種不適症狀。

腫瘤彷彿一顆不定時炸彈，在燕芳身體各處點火，**但她選擇與疾病共存，配合醫師的治療、規則服藥，控制病情**。同時，燕芳因著對音樂和跳舞的喜愛，退休後持續於社區活動中心或樂齡班擔任歌唱與舞蹈的授課教師，**充實、活躍的退休生活，打破了體弱者「需要被照顧、多休息」的印象**。她說，因爲這是自己一向最喜歡的事，所以能有繼續從事的動力。「**心理是會影響生理的，要是人不開心，身體會更不舒服**。」

生病的人難免會感到怨懟和難過，但燕芳表示，自己倒是沒有什麼特別強烈的情緒，最多偶爾有「別人能做但我不行」的失落感。比如因疾病之故，即使是溫水游泳池也無法下水，或者很想嘗試高空彈跳，也因爲有心臟病而不能如願。「還是會有點難過啦！」不過，她轉念一想，看到別人玩得很開心，自己也很愉快，傷感的心情頓時便煙消雲散，不讓身體上的限制變成困擾。

生活如何更健康、更滿足？四個幫助正向老化的方法

由於燕芳目前的學生多爲高齡族群，在表演界也結識不少年逾七、八旬的朋友，擁有長期接觸、觀察、鼓勵年長者的經驗，因此她也分享幾個幫助銀髮族打造樂活人生的方法：

1、參與團體、多與他人互動：不論大團體或小團體都好。尤其現在已有很多以老年人爲對象設計的課程或講座，例如各地的活動中心、老人服務中心、運動中心，都有各式各樣的活動，包括動態、靜態、知性、感性、學習性、技能性等，可以挑選自己有興趣的項目參與。像是臺北市政府就有一個「臺北銀髮動姿動」的 LINE 官方群組，提供年長者各種美食、旅遊、健康活動訊息，以及福利好康，可多加利用。

2、培養休閒興趣：除了走出去與人群交流，**待在家裡的時間，也應有看電視、滑手機以外的休閒活動**，比方閱讀、畫畫、編織、聽音樂，尤其鼓勵

玩奏樂器。假使原本不具有樂理知識與樂器基礎，簡單用筷子搭配家中的鍋碗瓢盆敲出節奏，或是播放自己熟悉的樂曲跟著敲擊，就是有趣又富有創意的活動，也能訓練手、眼、耳的協調。至於唱歌則是活化腦部最好的活動，要唱對歌詞、唱對旋律並且配合節奏，對老人來說是很複雜的腦部協調功能，因此鼓勵長者要多唱歌。

3、從事志願服務工作：行有餘力時擔任志工，不但能幫助別人，自己在此過程中也會得到很大的成就感。燕芳提到她一位七十多歲的朋友，投入志願服務，選擇照護關懷九十幾歲的臥床病人，從「老人照顧老老人」的經驗裡獲益不少。而許多政府單位或學校、圖書館、醫院等機關，均不乏高齡志工需求，也會視個人體能狀況和意願安排適合的服務內容。

4、調整說話方式：燕芳發現許多年長者常自覺年紀大、歷練多，而產生權威感，講話不顧他人感受；或是本來並無其他用意，但因爲沒注意到態度、語氣、用詞，給人自我意識強烈的感覺。提醒長輩，**回應他人時應放低音量，把嘴角向兩側拉開，練習用微笑的方式說話**，有助於與人良好溝通，甚至能化解不同世代之間可能引發的衝突。

從家人身上獲得的經驗，也讓燕芳有著深刻的體悟，「**動腦、動身體很重要！**我的婆婆和媽媽，在三餐以外的時間，成天就是盯著電視看，結果身體和大腦機能跟著減退。現在媽媽得長期躺床，婆婆也幾乎沒辦法走路了。」因此，燕芳在課堂上不厭其煩地推廣。或許是因爲她同爲熟年族的分享，使得學員們更容易採納這些建議，也有不錯的成效。

她以一位同時參加音樂班和舞蹈班的七十二歲學生爲例。剛開始來到課堂時，臉色黯淡，一副懶洋洋的模樣，學生也自述多年來身體飽受疾病之苦。沒想到才上了第一堂課，這位學生竟說自己阻塞數十年的任督二脈都打開了。燕芳笑著解釋，可能一方面是心情快樂使然；另一方面是因爲四肢有活動，爲身體帶來了刺激，讓整個人更爲輕盈放鬆。接下來在不到一年時間裡，她亦明顯看到學員的變化，不僅氣色亮起來，體態也有改善，「現在就是抬頭挺胸、走路有風，跟以前彎腰駝背的樣子完全不同。」另外一位舞蹈班的學員，則是每次上課時都推著坐輪椅的媽媽前來，「我們上課時，媽媽在教室後面也跟著大家的動作一起做。經過一段時間之後，現在已經不用坐輪椅了，可以自己拄著助行器走路。」

透過適度活動身體來促進健康固然重要，心理健康更是日常生活不可或缺的一部分。燕芳發現很多老年人最需要的，其實是一個可以抒發情緒、聽他講講話的對象，「可以是身邊認識的人，像我現在也在扮演這樣的角色。但身邊如果沒有適當對象，也可以透過張老師輔導專線這一類心理諮詢單位。如果能有可以聽年長者吐吐苦水、聊聊困擾，或給予建議的管道，對年長者的身心健康應該會有不少正面效果」。

5

黃金時代，
「老」得好

「老」得好—BMI 幸福心指標

B M I

Be Friend
友善
擁有人際支持
親密感

Mindfulness
正念
維持正向情緒

Identity
認同
建構老年時期的
生命意義

保持不斷自我成長，
年紀再大都有
應對問題的能力

5-1 老年心理健康的挑戰

因爲照顧年長者，大多以處理身體疾病爲優先考量，年長者的心理問題反而不容易察覺；再加上年長者或因缺乏病識感，或擔心被標籤化而不願意求助。家人與照護者需悉心觀察，才能及時覺察與協助。

文／黃素娟

根據衛生福利部統計處公布的資料顯示，2020年台灣地區六十五歲以上年長者的自殺率占所有自殺人口的26.6%，爲所有年齡層中占比最高，且連續二十五年皆居於首位。美國疾病控制與預防中心相關資料也說明高齡人口的自殺率是所有年齡層中最高的。

長壽一直被視爲是人生最美好的祝福，但上述自殺率的統計數據告訴我們，老年生活並非如想像中「享清福」的時光，而是充滿著各種生存的挑戰。世界衛生組織2021年發佈的老年研究報告顯示，**世界上六十歲以上的老年人，約有20%有心理和神經系統的問題，其中6.6%的老年人有失能的狀況，失智**

和憂鬱症則影響世界上5%至7%的老年人口，焦慮症者約占3.8%，藥物濫用者約1%。另外，在自傷的案例中，約有四分之一是超過六十歲以上的年長者。（參見1）

因此如何協助年長者和照顧者認識並積極處理老年心理健康問題，已成爲維持老後生活品質的重要關鍵。

安享晚年的隱憂：焦慮症、憂鬱症及失智症

焦慮症

一般人對年長者的生活想像，多是蒔花怡情或是慢活養生，但美國老年心理學期刊的研究發現，**接受老年服務的年長者之中，約有超過27%出現焦慮症狀**。雖然這些症狀還未嚴重到達焦慮症的診斷標準，但卻明顯地影響他們的身體功能。常見的老年焦慮症包括異常的疼痛、強迫症、創傷症候群、密集恐懼症及廣泛性焦慮症。（參見2）

憂鬱症

憂鬱症初期常以失眠或倦怠的表徵出現，在年長者身上很容易被認爲是因

爲老化引起的生理問題而被忽視。同上的研究中顯示，**接受老年服務的年長者之中，約有27%達到重度憂鬱症的診斷標準**，而有31%雖未達憂鬱症診斷標準，但憂鬱症狀卻已顯著影響他們的生活。比起未罹患憂鬱症者，罹患憂鬱症的年長者通常健康狀況較差，需要較多的日常生活照護協助，生病後也需較長的時間才能康復。

失智症

失智症是因疾病或受傷而造成腦部認知功能退化。根據世界衛生組織的研究指出，全世界目前有超過五千五百萬人爲失智症所苦，大部分是因爲生理機能老化而引起，其中阿茲海默症患者約占60%至70%。罹患失智症的年長者會漸漸失能，需要依賴他人照護，不僅影響個人身心健康，也會增加照護者、家人和社會的負擔。但失智症並非是老化的必然結果，適時介入治療對年長者有相當的助益。（參見3）

老年心理疾病的風險因子

哪些因素容易誘發老年心理疾病呢？（參見4）

●摯愛親人過世

英國巴斯大學於2020年發表的「老人孤獨感研究」中，七十六歲的受訪者Amy提到，在丈夫Tony過世後，重新學習一個人面對生活是多麼令人害怕，即使是像喝杯咖啡或上超市買東西這種生活小事，都變得十分困難。（參見5）**長年陪伴在身邊的摯愛過世，一方面會引發自身對疾病和死亡的焦慮感，二方面得面對孤單和生活方式的改變，在在都提高罹患憂鬱症的機率。**

●身體活動力下降

一般而言，**人在五十歲左右，身體的肌肉就開始慢慢流失，七十歲時會明顯地減少。**肌力的衰退容易造成跌倒或骨折，引發行動障礙、心血管及呼吸道疾病、認知失調、需長期在機構安養，以及死亡。（參見6）一旦身體的獨立行動力喪失，生活起居需要依賴照護時，不但降低個人的自尊，在家時間變長，與朋友的社交活動也受限，憂鬱症的風險自然升高。

●慢性疼痛

「慢性疼痛」是指超過正常治療時間（通常是三個月以上）的身體疼痛感，在六十五歲以上的年長者相當普遍。而伴隨生理疼痛而來的是心理上揮之不去的痛苦、社交孤立、失能，和接受健康照護所需付出的沉重代價。（參見7）古有名言，「英雄就怕病來磨」。一旦生病，各種疼痛接踵而來，生存意志被消磨殆盡，心理疾病也隨之來襲。

●營養不良

年長者常因牙口不好、消化問題、藥物副作用，或是體衰無法準備三餐等原因，導致胃口不佳，影響均衡飲食攝取，進而形成營養不良的問題。根據研究顯示，**年長者營養不良，和憂鬱症狀的增加，有顯著相關**；相反的，良好的飲食則和較低的孤獨感和較好的生活品質有相關。（參見8）

●酗酒或藥物濫用

屬於嬰兒潮世代的這一代年長者，藥物濫用和酒精依賴的問題並不少見。美國國家藥物濫用防治機構的報告顯示，大約有一百萬位六十五歲以上的年長者有藥物濫用問題。藥物濫用包括混用處方藥、非處方藥，和營養補充品。另外，也有毒品濫用的狀況。酗酒也是需要關注的議題，六十五歲以上的年長者中，約有十分之一在聚會中飲用過量。2020年的研究也發現，相較於年輕族群，五十歲以上人口的烈酒消費量呈現上升趨勢。（參見9）**酗酒和藥物濫用會對腦部和身體功能產生負面影響，也和心理疾病的發生有關。**

覺察老年心理健康問題的十大指標

老人的心理健康問題並不容易察覺，**一方面照顧者常以身體的照護爲第一優先考量，二方面年長者本身或因缺乏病識感，或因擔心被標籤化而不願意求助**。唯有賴年長者的家人與照護者悉心的觀察，才能在症狀發生的第一時間通報並給予所需協助。依據研究結果可歸納出以下十點作爲對年長者的觀察指標。（參見10）

- **疏於打理外表或居家環境變得雜亂。**
- **無法處理自己的財務和金錢問題。**
- **胃口不佳或是體重下降。**
- **容易感到困惑，出現注意力缺失和難以做決定的問題。**
- **持續超過兩個星期以上的憂鬱或焦躁不安情緒。**
- **感覺自己無價值或有自殺意念。**
- **記憶喪失或難以用語言自我表達。**
- **不明原因的身體疼痛，如長期頭痛或背痛等。**
- **社會退縮或社交孤立，不喜與人交流，或拒絕朋友來訪。**
- **無法解釋的疲倦或睡眠問題，如難入睡、易醒，或睡眠時間過長。**

在一般人心目中，「老」總與疾病及殘缺脫不了關係。但翻開字典，**「老」不僅指「年紀大」，也有「經驗多」、「德高望重」之意**。在醫學發達的二十一世紀，**心理疾病並不是羞於啟齒、難以治癒的疾病，當然也不再是老年不可承受之重**。透過及時且正確的藥物及心理治療，大多數的年長者就能減緩症狀並重拾生活樂趣，更可降低照顧者的負擔。無論是年長者本身或是照顧者，當發現上述症狀時，請不要猶豫，直接向專科醫師求助，讓晚年生活重現蔚藍晴空。

註解：

1. Mental health of older adults (who.int)
2. Anxiety in Older Adults | Mental Health America
3. Dementia (who.int)
4. Symptoms and Risk Factors of Mental Illness in the Elderly (bluemoonseniorcounseling.com)
5. Loneliness, loss and regret: what getting old really feels like – new study (theconversation.com)
6. Sarcopenia: Revised European consensus on definition and diagnosis (PubMed.gov)
7. The silent epidemic of chronic pain in older adults (PubMed.gov)
8. Malnutrition in elderly: relationship with depression, loneliness and quality of life (academic.oup.com)
9. Substance Use in Older Adults DrugFacts | National Institute on Drug Abuse
10. 10 Signs of Mental Health Conditions in Older Adults (medicalalert.com)

5-2 別把衰退視爲理所當然

諮詢／林家興（國立臺灣師範大學教育心理與輔導學系兼任教授）
賴素月（嘉義縣長照管理中心照管專員）
文／林稚雯

老化雖是無可避免的自然現象，但及早做規劃，爲自己儲備老年時健康的身體、夠用的生活資源，並保持願意不斷自我成長的心態，年紀再大，都會有應對問題的能力。

年輕時，因著個人的知識、專業或興趣，多數人都能在職場上做出貢獻，獲得各式各樣的成就。然而，隨著年歲漸增，每個人在老去的過程中，或多或少都失去了一些東西，可能是體力，可能是健康程度，也可能是聰明才智，在在都不如往昔般的敏捷。

這些失去，有時能夠輕易察覺，進而讓照顧者能針對問題來協助改善；**但也有些失去是隱而未現的，因爲容易被忽略，常爲老年生活造成巨大的挑戰與困境。**

隱而未現的退化危機

相較於能夠透過醫師看診、檢查而找到問題的生理疾病，俱備老人社工專業，現爲嘉義縣長照管理中心照管專員賴素月提醒：「若年長者有失智的問題，初期家屬常以爲是一般的老化現象，只覺得長輩好像有一點『記性不好』、『反反覆覆』，或是當長輩情緒起伏大、譫妄時，覺得是不是長輩故意找碴而感到困擾，這時就很容易產生一些誤解。」

以長年投入長照工作的經驗分享，賴素月專員提到：不論是在安養機構內，或是在家中，與年長者同住，很常遭遇的問題爲：長輩總會三不五時氣呼呼的和工作人員／晚輩投訴：「×××偷我的衣服……，○○○偷我的湯匙……，＊＊＊都來偷用我的日常用品……。」

賴素月專員說，以機構管理的程序而言，面對年長者的這種抱怨，不論事件大小，或聽起來合理與否，工作人員都會先調閱監視器，請年長者們一起觀看，通常會發現並無外人進入他／她的房間中，不過年長者多半仍會堅持「東西就是被偷走了！一定是□□□（長者所懷疑的對象）拿走的！」工作人員若無法成功化解其疑慮，長期下來，除了會造成年長者與機構內其他住民關係失和的困境外，還會大幅提高工作同仁的照護難度。

不願老後成爲他人負擔的顧慮

賴素月專員表示，**另一個讓照護者不易察覺，但年長者其實已在受苦的情況是：長輩們明明已明顯感受到身體異常不適，但在不願意增加子女或照護者的麻煩下，決定不告知旁邊的人。**長輩可能想說「忍耐一下、過一陣子就好了」，或是私下詢問同輩朋友的經驗，或自行從電視或廣播接收各樣資訊，自行服用成藥、購買各種宣稱療效的保健品食用。

不論是忍著病痛不說，或是吃成藥、保健品，這兩種處理方式常延誤了疾病的診治，直到最後出現大問題時才緊急就醫，這時年長者不但得處理身體的病況，還要接收照顧者的責怪與質疑。

與其干預，不如協助生活規劃

針對上述兩種情境，賴素月專員提醒，「**每個人都有獨一無二的生命歷程，**尤其到了老年階段，長輩們已累積了豐富的生活經驗，對事物也都有獨到的看法。**這些經驗和習慣支持了他們大半輩子的生活，並非是照顧者插手干預就能在短期內改變的。**」

賴素月專員建議，**照顧年長者時，可從生理外觀、心理認知、社會參與、生活開銷是否有異常支出（如頻繁提款，卻說不清用途，或是突如其來支出大額款項。）來做觀察指標。**在這四個面向上，如果出現顯著改變，生理上的異常應優先安排就醫，以免延誤治療；對於情緒、生活的態度消極等問題，則應先從聆聽、了解問題做起，再視問題所在而安排不同的照顧或協助計畫。

臺灣師範大學教育心理與輔導學系兼任教授林家興提醒，東方社會的文化，再加上目前處於老年階段的長輩們的成長過程中多被要求忍耐，使長輩不擅於表達自己的感受，因而提高了照顧者在辨識長輩照護需求的難度。

除了引導、鼓勵長輩們說出他們真正的需要之外，若是有面對親人難以啟口的問題，**不妨善用心理諮商系統的各樣資源，藉由與專業人士的晤談，在隱私有保障的情況下，既可以紓發長輩內心感受，又能找出可協助年長者的應對方案。**

即早開始、做得更好

若想避免老年時陷入對生活的應對危機，林家興教授給出的另一個建議則是：「**即早開始把自己照顧好**」。照顧的層面，除了著重自己身體的健康，體察自己心理的需要外，即早建立出一套應對方案同樣不可或缺。

「老年時遇到的各種問題，多半都不是突然發生的。」林家興教授說，**能夠健康老化的年長者，都是從中年或更早前就開始計畫個人的老後生活。**

假使覺得自己還年輕有本錢，總是大吃大喝、吸菸飲酒，又不知道存錢規劃退休，到年老時的景況多半會比較辛苦，「再加上若年輕時也沒有把握時間與晚輩建立關係，年老時才把『被照顧』的期待強加在晚輩身上，那又會有更多的挑戰。」

相對的，若是趁自理日常事務還游刃有餘的階段，爲自己儲備好老年時健康的身體、夠用的生活資源，也有著自己的興趣，保持願意不斷自我成長的心態，將會對老年階段帶來極大的幫助。

因爲能夠接受新事物、新觀念的心態，不僅能避免在遇到困難時往死胡同鑽，也不容易被「老」這個字限制，覺得自己這個不能、那個不行，什麼都不能做。

林家興教授叮嚀，老化雖是無可避免的自然現象，但從年輕到年老，每一個年齡層都有每個年齡層的問題和煩惱，而人類在每個發展階段都還是有適應環境的能力。「**年紀再大都會有應對問題的能力，鼓勵長輩們，不要被年齡困住，不要忘記：『試試看，自己永遠都有可能改變困境的！』**」

5 3

「生命書寫」與情緒「BMI」，接納人生的冬景

諮詢／李玉嬋（台北護理健康大學生死與健康心理諮商系教授）
文／林稚雯

俗話說：「江湖跑老，膽子跑小。」意指年紀越大，僵化危機也越大，練習書寫生命故事及控管「情緒BMI」、投入嗜好，就能告別刻板、無目標的日子，打造快樂幸福的老年生活。

「說到這個啊，我跟你說……我年輕的時候……」

國立台北護理健康大學生死與健康心理諮商系教授李玉嬋提醒，對長輩來說，透過「想當年……」來追憶年少時的各樣成就，不僅是一種聊天的話題，更藉由**再提當年勇，長輩彷彿再次經歷那風光的日子，不僅能有效提升身心愉悅的程度，也同時滿足長輩想讓生命經驗得以在分享中不斷傳承的心願。**

生命故事的重要性與書寫建議

與人分享生命歷程是俱備「帶來幸福感」、「經驗分享」與「利益共享」的意涵。李玉嬋教授指出，不要認爲只限於名人、成功人士才值得進行個人傳記的書寫，協助有意願記敘個人故事的年長者完成記錄工作，同樣也是照護過程中值得投入心力來重視的一環。

「如何開始生命故事的回溯與記錄？」

每個人的一生經歷都很豐富，難以完整記錄。所以，**書寫生命故事時，首重「去蕪存菁，不要寫成流水帳」**。建議**可依照年紀，逐一回顧各階段中會經發生的亮點，尋記憶寫下重要事件的來龍去脈，並整理它所帶來的影響或啟發**。

其次，雖然書寫的內容要以人生重要事件爲題材，但不表示僅能寫豐功偉業。**「克服逆境」、「特別艱難困苦的時刻」、「造成人生負面影響的不慎決定」等，同樣是很值得被記錄的題材，還能爲晚輩們帶來更有意義的提醒和叮嚀**。

第三，在整理長輩的人生故事時，不妨多記下能夠引發長輩快樂情緒的事件，以及能夠讓長輩達到忘我境界的興趣。經過文字記錄下來後，快樂的感受好似能夠延續，興趣也有機會長年保有，日後若面臨特別難過的情境，就能重溫這些記錄，達到療傷止痛的效果。當長輩年紀更大些，面臨無法清楚表達自身需求或感受的情況時，協助打理起居的晚輩也能從記錄中得到提示，知道可以爲長輩做些什麼來滿足照顧上的需要。

第四，在3C產品普及下，回顧生命亮點的形式已不僅限文字，蒐集老照片後整理成電子檔案，或是以錄影來記錄下特定的事件，都有助於長輩的生命經驗更長遠、有效的流傳，讓這份記憶不只是個人的經驗和理念整理，更讓有幸閱讀的後輩都能從中得著收穫。

讓生命故事發揮轉化功效

李玉嬋教授也分享她自身的經驗。她的父親年輕時以廚師爲業，工作之餘喜歡唱歌，也喜歡吹「蕭」這種國樂樂器。

在協助父親進行生命經驗的整理時，李玉嬋教授知道了吹奏樂器對父親來說，就是個不假外求、隨手拾起，就可以獲得平靜與快樂的嗜好。對於唱歌，祖籍山東的父親，拿手的歌曲是老歌《愛情親像一陣風》與《滿江紅》，前者充滿父親年少時追求母親的甜蜜回憶，後者則表達早年動盪顛沛的生活，以及與母親相處的點點滴滴。

「爸爸年紀大了之後有青光眼的問題，視力大幅受限，連帶也爲生活造成莫大影響。對他來說，不管要做什麼，第一個要注意的，就是得留心路況、避免跌倒。」

李玉嬋教授說，相較年輕時有體力在廚房內舞刀弄鏟，中氣十足的唱歌奏樂的日子，父親在晚年因視力造成諸多限制的生活，就得益於生命經驗的整理而尚稱怡然自得。

吹奏樂器需要相當大的肺活量，對父親來說，老了，不能再長時間吹奏，但還能吹出聲音，就也代表他今天的身體狀況很不錯，值得開心。假若身體不太舒服，沒力氣玩樂器，只要將喜歡的歌曲哼唱一番，很快就勾起他往昔快樂的記憶，讓他不致陷入視力不好、今天身體有點虛弱的處境，進而避免鑽牛角尖，落入情緒低落的固著狀態。

「爲長輩寫下生命故事，也確實能爲照顧者提供很好的照護策略。」李玉嬋教授補充，每個人一定都會有情緒的起伏，像她的父親也會有暴躁、情緒低落的狀態產生。此時當晚輩要針對問題，就能創造出快樂的情境。像是李玉嬋教授就會詢問讓父親感到不悅的原因爲何，「知道是哪裡不對勁之後，傾聽他細訴，除了讓他有所宣洩之外；我也會會問他說『我們來唱歌吧！你通常唱《愛情親像一陣風》，或是要唱《滿江紅》？哪首歌會讓你心情比較好？』」

有時李玉嬋教授的父親會告訴她，「今天要唱《愛情親像一陣風》，因爲《滿江紅》還是有點太沉重了。」有時則是因其他因素而點唱《滿江紅》。找到適合抒發當時心情的歌曲後，因著曲目背後連結的人生意義，彰顯生活並非完全受限於年紀大所帶來的不如意，多半脾氣就像來去一陣風似的消失了。「**有了好的安撫對策，就代表擁有更多的彈性和餘裕，得以盡速化解各種突發狀況與挑戰。**」

控管「情緒BMI」——友情義

李玉嬋教授還提出「BMI幸福心指標」觀點，以「友」、「情」、「義」三種幸福感來源，作爲深化生命故事的架構概念。

「BMI幸福心指標」——友情義，是仿傚「身體質量指數（Body Mass Index，BMI）」經世界衛生組織認可，用以參照體重相較於身高，是否在健康範圍內的標準而發展出來的。同樣地，控管「情緒BMI」——友情義三種幸福感，目的在於維繫心理健康：

- **Be Friend「友」善人際：**支持親密感。可藉由多方結交益友來拓展人際網絡。
- **Mindfulness「情」緒正念：**平穩掌握感。學習維持正向情緒，讓每天至少都有一個快樂的經驗。

●**Identity意「義」認同：**個人的自我價值意義感。建構老年時期的生命意義，不會只看到身心機能的退化與各種限制，能找到人生亮點，保有對自己的肯定與信心。

李玉嬋教授叮嚀，俗話說：「江湖跑老，膽子跑小。」意指年紀越大，僵化危機也越大，但若有一套好的調節機制，**有好友，好心情，好好愛自己，就能告別刻板、無目標的日子，打造快樂充實的幸福老年生活。**

5-4 不一樣的「老」模樣

高齡友善社區、「做個朋友吧」交流服務、在地老齡化，及老化科技實驗室……。讓老後生活依然健康活躍、有生產力。

文／黃素娟

2015年，長岡三重子（Mieko Nagaoka，1914~2021）成為日本第一位締造自由式一千五百公尺紀錄的百歲泳者。她為了治療膝傷，在八十高齡開啟了她的游泳生涯，從此欲罷不能。九十歲，她刷新世界紀錄，成為最年長的八百公尺自由式保持人。2014年，她被「世界游泳雜誌」選為全世界最偉大的泳者之一。一百零二歲，她完成四百公尺自由式競賽。2019年，一百零五歲時，她參加人生最後一場比賽後，在泳池畔的歡呼聲中宣布退休。

一百歲時，長岡三重子出版《我100歲，我是世界上最活躍的運動員》一書。

老後的人生，誰說不能再美麗一次呢？

根據世界衛生組織（WHO）定義，「高齡化（aging）社會」爲六十五歲以上人口占總人口比例達7%；「高齡（aged）社會」爲比例達14%；超過21%則是「超高齡（super-aged）社會」。歐美、日等已開發國家早已進入高齡社會及超高齡社會，台灣在2018年也正式進入高齡社會的行列。如何協助益趨龐大的高齡人口老得健康（healthy aging），老得活躍（active aging），甚至是老得有生產力（productive aging），早已成爲各國政府高度關注的議題。

加拿大－高齡友善社區

加拿大政府爲因應2026年將進入「超高齡社會」的趨勢，於2007年，針對五千人以下的小鎮，推出偏遠地區的高齡友善社區倡議計畫，從以下八個面向建構適合年長者居住的社區環境。

- 戶外空間及建築。
- 交通運輸。
- 住家環境。

- 社交參與。
- 尊重及社會包容。
- 公民參與及工作機會。
- 溝通及資訊。
- 社區支援及健康服務。

爲了協助參與的社區循序漸進地建構高齡友善社區，加拿大公共衛生局和參與夥伴們擬定「泛加拿大高齡友善社區里程碑」實施步驟。各社區可依據自身需求，配合實踐「里程碑」規劃的步驟，一步步往完善的高齡友善社區邁進。「泛加拿大高齡友善社區里程碑」包含以下五個項目：（參見1）

- 設立諮詢委員會並積極邀請社區年長者參與。
- 確保地方議會制定積極支持高齡友善社區的解決方案。
- 訂定強有力的行動計畫來回應社區年長者所提出的需求。
- 藉由公告行動計畫來展現實踐承諾的決心。
- 保證評估計畫執行成效並公告周知。

澳洲－「邁向健康」線上心理諮詢

澳洲政府「健康部」爲了提升國民心理健康，將政府認證的心理諮商相關資源整合成「邁向健康（Head to Health）」網站，其中包含各種應用程式、線上課程、網路論壇、電話熱線服務及線上資源。在這個網站上，無論是年長者本人、照顧者，或專業人員，皆可使用此一站式服務的網站，輕鬆找到適合自己需求的心理諮詢服務。如有更進一步的需求，也可另外安排面對面的諮商服務。**對於注重隱密性、行動不便，或是擔心被標籤化的長者，線上心理諮商服務應是值得考慮的選擇。**（參見2）

英國－遠離孤寂「做個朋友吧」

並非所有年長者都對晚年生活都做了完美的規劃，甚至部分年長者面臨著貧窮、孤單與疾病等各種生活挑戰。英國的慈善機構「英國的年長世代（Age UK）」，以急需幫助的年長者爲目標，提供協助，解決生活起居麻煩事的服務。從健康照護到法律諮詢，他們都可以給予適當的協助。

其中「做個朋友吧（Befriending）」服務計畫，媒合孤單的年長者和有服務熱忱的參與者相互交流。除了以電話互通訊息之外，也可安排面對面的探訪服務，或許只是喝杯茶、聊聊天，或許是陪伴年長者參加活動或就診，皆可讓孤單的年長者感受到溫暖。參與者 Rose 談到這項服務時說：「這是我所做過最棒的一件事了。」她和被探訪對象 Sarah 在鏡頭前互看著對方，露出淺淺的微笑。就算在疫情期間，機構仍然努力協助年長者打開探訪之門，不讓他們被遺忘在孤寂的角落裡。（參見3）

美國－在地老齡化

年長者常因無法獨立生活、需要照護而被迫離開習慣的原居所，遷往人生地不熟之處。適應新環境的壓力，往往影響到年長者已漸趨衰弱的身體；離開原有的朋友及熟悉的環境，社交孤立的狀況更可能引發憂鬱、焦慮，造成心理疾病。「沒有健康的心理，就不會有健康的身體。」非營利組織「美國心理健康協會（MHA）提出協助年長者可以不受心理疾病困擾，**達到在地「正向老化（positive aging）」及「好好老化（aging well）」**的目標：（參見4）

- 減少孤立，使年長者可以在喜歡的社區中在地老齡化。
- 確保年長者能在社區中獲得適當且沒有文化、語言隔閡的醫療服務，和足夠的生活設施。

- **協助年長者保持身心健康以及活力感和成就感，以鼓勵他們能「好好老化」。**
- 政府優先編列有關「好好老化」的社會心理研究經費。
- 增加有關阿茲海默症、失智症、焦慮症、憂鬱症或精神病等導致認知缺陷疾病的研究。
- 善用監管工具及助力，鼓勵製藥業、學術界及公共利益研究者，研發可以減緩心理疾病痛苦的「非專利藥」或是「適應症外用藥」。

日本—老化科技實驗室

作爲全世界最長壽的國家，日本目前六十五歲以上的人口數已達三千六百多萬人，約占全國人口的三分之一。在少年人口遠低於老年人口的日本，年長者對於老後如何不依賴他人、維持獨立自主的生活，早有一套應對方式。年長者除了盡力維持身心健康和經濟穩定之外，對於使用科技產品也抱著開放的態度。因此日本已成爲研發老化科技廠商心目中最有潛力的市場，希望能以非藥物治療的方式，協助年長者提升生活品質。(參見5)

失智症的治療

客製化的治療方式，以科技力量刺激失智症患者的感知，降低因失智產生的焦慮感，並喚回過去的記憶。另也有廠商建立早期偵測失智症的平台，以預防失智症惡化後的認知失調狀況。

好用的機器人

運用機器人來協助年長者，包含：治療失智症或阿茲海默症的刺激用醫療機器人；扮演和年長者對話或是玩遊戲角色的生活用機器人；可以抬重物，或是協助行動不便的年長者移動的機器人等。

自駕科技的發展

因爲七十五歲以上年長者的車禍肇事比例偏高，所以自駕科技的發展，對於年長者的行車安全有相當助益，可提升年長者獨立生活的自信。

透過物聯網監測年長者身心變化

多數年長者有三高或是糖尿病等慢性疾病。有廠商研發穿在身上的科技纖維布料，可偵測心跳、體溫和呼吸速率，追蹤年長者每日健康狀況。另有監測糖尿病的應用程式，可協助醫師遠端監控病患的身體變化。

註解：

1. Age-Friendly Communities - Canada.ca
2. Support for aged and elderly people | Head to Health
3. Helping to improve older people's wellbeing | Age UK
4. Position Statement 35: Aging Well: Wellness and Psychosocial Treatment for the Emotional and Cognitive Challenges of Aging | Mental Health America (mhanational.org)
5. Japan Agetech: Seize Opportunities In A Growing Market (tokyoesque.com)

6

知老、習老，樂齡而自在

陪他聊天
勾起快樂的記憶
有負面想法時
引導其找出正向意義
幫助年長者
每天留存些
美好記憶
讓其「明白自我價值、發展興趣」
建立自信心

6-1 老化的社會視角

諮詢／董旭英（國立成功大學教育研究所所長）
文／鄭碧君

生理老化是必然歷程，以往的學習經驗和方法也跟現在有很大的差別，但這些變化並不會讓年長者無法再學習，步調放慢、打開胸襟，用「享受」的心態和角度面對一切的改變。

許多歐美研究指出，**人們的自尊心在成年後持續升高，至五十多歲達到巔峰，約莫進入六十歲後開始降低；而且下降的程度會隨著個人所面臨到的獨特情況和生活事件的多寡成正比**，比方說：配偶或親人的去世、身體健康和認知能力不如以往、狀似失控的外貌及體態等。

我們的社會大衆對老化的看法爲何？邁入人生下半場，年長者經常面對哪些挑戰？可以如何應對？

Q：什麼是「年齡歧視」？年齡歧視現象很常見嗎？

國立成功大學教育研究所所長董旭英解釋，從社會學的觀點來看，所謂**「年齡歧視」，是對於某個年齡層形成的刻板印象或偏見。**以老年族群來說，通常認爲他們的生理條件和社會機能都較爲脆弱，因此產生歧視。這種現象有兩大特點：

1、非按照事實、由主觀意識構成。

2、經常是負面的看法。

過去大家常說的「家有一老，如有一寶」，即普遍認定年長者擁有豐富的人生經驗，也爲家庭付出很多，因此年齡越大的人越是備受尊重。這其實也是一種刻板印象，但是屬於正向的說法。不過，董旭英教授指出，台灣近十幾年來尊老、敬老的氛圍出現很大的變化，可以觀察到對年長者的年齡歧視更加嚴重，最主要的原因和生活型態、價值觀的改變，以及e世代許多行爲皆朝往數位化發展有關。年輕人覺得老人沒辦法跟上社會變遷的腳步，和時代脫節了。

尤其是現在年齡約六、七十歲以上的年長者，由於社會變化很大，過往的生活方式和當前非常不同，使年輕一輩常認爲年長者的人生經驗對自己不會帶來幫助。比方說，很多年長者不會透過Uber叫車，不會用網路訂電影票，甚至不懂得怎麼從網路查找資訊。這些對年輕人來說，不僅代表與世界脫節，也形同缺乏生活必要的技能，因此覺得上一個世代的意見不值得參考。

其實這也是一個刻板印象，或可說是誤解，**因爲有很多重要的參考或建議，未必一定要是「工具導向」，年長者的人生閱歷、生活智慧，仍有許多值得借鑑之處，應擇善言而聽之。**

Q：年齡歧視是否會影響年長者對人生目標的看法與自我價值觀？如何改善這種現象？

董旭英教授說明，社會對年長者的年齡歧視，的確會影響老年人對自我的認知。以學習使用智慧型手機及通訊軟體等數位工具爲例，隨著生理機能和記憶力的退化，多數年長者整體的反應確實會比較慢，因而「感覺」自己一定學不好，進而關上了學習的大門。又由於關上了學習大門，以致和其他年齡族群更難溝通，與社會脫節情況更嚴重。**年輕人認爲年長者思想僵化，不願意學**

習；年長者覺得年輕人缺乏同理心，進而對外更自我封閉，形成了惡性循環。

董旭英教授針對年長者提出幾點建議：

1、雖然生理老化是必然的歷程，而以往的學習經驗和方法也的確跟現在有很大的差別，**但這些改變並不會造成人們無法再學習。「跟不上時代」、「年輕世代的東西不適合我們」是個人主觀的看法**。

2、隨年齡增長來到不同的人生階段，扮演的角色也不一樣，此時你的職涯和生涯發展或社會責任，已經達到一個里程碑。在沒有經濟壓力的情況下，**應試著把步調放慢，打開胸襟，用「享受」的心態和角度來學習新事物，比方學習** LINE，想想我們只要學會視訊功能，就可以見到兒孫晚輩，這樣的學習是多麼富有樂趣。

3、從生活中找到成就感與自我價值，並獲得他人的認同。**要特別提醒年長者，尋求他人認同的同時，也應顧慮其他人的需要，不宜一味強調自己過往的經驗**。勿動不動說以前是如何如何，總提當年勇，容易給人倚老賣老的印象，讓自己和別人的距離變得越來越遠。相反地，應善用自己累積的豐富生活經驗和人生閱歷，在家庭或社會上扮演服務性的角色。舉例來說，當碰到兒孫有爭吵時，爺奶們可以居中成爲家人的潤滑劑，給予情感上的支持，展現成熟有智慧的特質。

Q：退休之後想再度就業，或是開創自己的事業，在想法、心態與做法上，有什麼需要注意的事項？如何提升個人自我價值感？

董旭英教授認爲，退休後的熟齡族，如果希望展開職涯第二春，或是一圓創業夢，儘管經濟利潤也很重要，但不宜當成首要考量。由於此時大都已不需像年輕時爲維持生活而勞動，因此，**應按照個人興趣規劃，讓自己的喜好，或是以前很喜歡但沒辦法做到的事，能轉換成具有生產力的項目**。譬如原本就喜歡「拈花惹草」的人，可考慮修習與園藝相關的知識與技巧，成爲園藝師；對手工藝有熱愛的退休族，也可趁此時專心創作，將成品透過市集或網路等管道銷售。此外，**此份能配合個人的特質與技能的新事業，若能納入社會服務與貢獻的成分，更可以提升自我價值**。

還有，退休後的任何舉措，可能會對其他家人造成影響，提醒若有再度就業或創業等念頭，都宜和配偶、子女、重要親屬討論，聽聽他們的建議或想法，再做最後決定。

6-2 搞懂長輩的「拒絕」

諮詢／董旭英（國立成功大學教育研究所所長）
楊美賞（前高雄醫學大學護理學系教授）
文／鄭碧君

長輩對接受幫助或嘗試新事物，總抱持著抗拒心態，經常說「不」。耐心引導、換個說法、由年輕晚輩或同輩朋友來發揮穿針引線作用，能增加長者說YES的機會，踏出第一步！

或許是不希望自己失去獨立性，並爲家人帶來負擔，或是因爲缺乏安全感、感到恐懼等原因，使得部分長輩對接受幫助或嘗試新事物，抱持著抗拒心態，經常說「不」，也拒絕改變。陪伴者或家屬應先了解長輩眞正的需求和難處，方能找到有助長輩積極面對老化的最適當方法。

Q：步入老年，年長者外出或參與活動的意願降低，該如何鼓勵或引導他外出，或與他人維持互動聯繫？

國立成功大學教育研究所所長董旭英指出，年長者一定要保持移動力和社交性活動。已有許多研究證實，**擁有社交網絡和有社會參與的人，身心發展相對較正向健全**，建議可從以下面向著手：

1、**適當運動很重要**。如果過去沒有運動習慣，也要慢慢建立，依個人健康和體能狀況，增加身體活動機會。

2、**除了透過實體移動保持社交互動之外，也應善用現代科技，例如FB、IG、LINE等**。若年長者本身積極性不高，家人或照顧者應想辦法幫助他找到學習的動力，比方：跟他說，學會之後，不但可以和老朋友、老同事聯繫，相約喝咖啡或出遊，也可以跟子女、孫子女等晚輩溝通，或增加更多彼此間的共同話題。

假使家中老寶貝就是要宅在家，不願出門，家屬不妨這樣試著做做看：

1、**趁周末假日多帶長輩外出用餐**，飯後到附近或周邊景點走走逛逛，甚至可以約其他家庭或長輩的親朋好友同行。

2、觀察年長者的喜好、興趣與需求，再據以安排或配合。例如有些老年人特別喜歡逛菜市場，或者曾透露想回鄉下探望親友，就可安排先逛菜市場再去吃飯，或找鄉下餐廳吃飯後順道去探訪親友等，藉此激起他外出的意願，慢慢養成外出移動的生活習慣。**一開始不需設定長程目標，擔心「只去一次有用嗎」。只要長輩願意走出去，便給予協助或陪伴，讓他逐漸習慣外出**。

3、鼓勵長輩參與社區大學、樂齡大學、長青學苑等舉辦的活動或課程，或是到公園裡加入固定的團體活動。**初始可透過接送或陪同參與，幫助他踏出第一步**。如果狀況允許的話，也可以邀請長輩相熟的親戚、朋友帶動他一起參加。

前高雄醫學大學護理學系教授楊美賞表示，**由晚輩發揮穿針引線效果，製造老年人與外界交流的機會，是個值得嘗試的做法**。她以自身經驗爲例，因家人平日要上班上學，都留婆婆一人單獨在家，有次發現婆婆在住家對面的自助餐店幫忙挑菜，於是她主動去徵詢店家同意，偶爾就讓婆婆過去幫忙，增加婆婆的人際互動，減少寂寞感。她也回憶，曾有位朋友的婆婆，因突然間喪偶，過度悲傷憂鬱而不想走出家門，後來她建議朋友以「兒子想看煙火秀，請媽媽陪他去」的說法邀約，**並保留長輩可能中途反悔的彈性空間**，「如果到現場眞的不想看也沒關係，可以馬上回家。」果然勸說成功。朋友的婆婆重新建立與他人和社會之間的連結之後，慢慢地從失去丈夫的哀慟中走了出來。

Q：年長者或因老化，或因疾病，需要他人協助日常生活，甚至清潔身體，因爲覺得不自在而發怒，甚至因此陷入憂鬱、自責，怎麼協助他適應？

楊美賞老師分享，多年前，因擔心婆婆抱著病體洗澡恐發生跌倒意外，於是表示要幫忙婆婆清潔沐浴，老人家一開始拒絕了，她便回應：「我在學校都教學生怎麼幫患者洗澡，這對我來說很簡單。如果你有不想讓我清洗的部位，可以自己來，但是請讓我幫你完成沖洗。」、「平常你幫我照顧小孩和家庭，做了這麼多事，現在我幫你洗澡是一件很小的事，我很感恩能有這樣的機會，讓我幫忙會比較好喔。」經過一番勸慰後，婆婆果眞釋懷許多，接受了提議。

除此之外，董旭英教授表示，**家屬還可以幫助長輩從「被協助、被照顧」中找出正向意義，讓長輩知道，當身體機能退化到需要別人照護時，配合家人或照顧者的安排，其實是製造出一種「付出情境」的美德，亦即能提升付出者（親人）的個人價值感**，正如投入志工服務的人，容易感受自我價值的存在。此外，應盡量幫助長輩看到自身的優點和價值，例如，也許長輩只是體力欠佳、行動不方便，但仍然可以做點手工藝、畫圖或唱唱歌，甚至只是逗逗孫子女，都是一種奉獻。**當一個人能感受到「我是有價值的」，就會對自己越有信心**，相對較能接納加諸在身上的限制或缺點。不過，董旭英教授也提醒，這樣的觀念建立或改變，可能無法很快看到效果，家屬及照顧者需要足夠的時間和耐心。

Q：科技變革日新月異，面對新科技產品，如何引導長者嘗試學習及應用電子產品？他們可能會產生的情緒反應有哪些？怎麼因應？

目前我們的日常生活有許多層面都必須仰賴資訊和通訊科技產品，然而確實有些長輩在學習3C上的意願較為低落，董旭英教授說明，可能是兩個因素使然：

1、現在的3C產品，特別是手機介面，都和過去傳統的電視或家電用品「一按就能開啟或調整」的使用方式很不一樣，首度接觸確實需要花很多時間。當長輩感到麻煩、複雜、帶來不便時，便會產生抗拒。

2、「我老了學不會」、「我沒有能力」等心理刻板印象。

以下提供幾個引導長輩的小技巧：

1、**首先突破其心理障礙，降低排斥感**。例如對他說：「你看，就連已經讀高中的〇〇〇（孫子）買新手機，也是花了半天才知道怎麼用。它不像冷氣打開按鈕就可以運作，你不熟悉怎麼用是很正常的，但學個一兩天你也會用哦！」

2、**依據長者的興趣與需要，逐步養成使用新科技產品的習慣**。例如當長輩提出想要有一支手機，出外時才能和家人聯繫時，不要只是購買單純只通話、不上網的老人手機，而是送他智慧型手機，並教導如何使用。或者，當他說跟朋友出遊需要相機拍照時，也是一個指導他透過手機拍攝並與電腦連接的契機。

3、**由同齡朋友相互教導與學習，長輩的心理防衛較低，亦能避免在教導中**

與長輩產生衝突。晚輩可邀請熟悉 3C 產品的長輩親友來家中作客，由他來教導並給予協助，這麼一來，也可增加長輩間的人際上互動。

4、一般而言，**爺爺奶奶比較能接受孫輩的意見與教導**，且小朋友（國中小學生）的溝通話語大多都很直接及具體，比較少用抽象用詞，或能使年長者更容易接受學習。不過，大人有必要先讓孫輩了解，**教爺爺奶奶，必須從最基礎開始教，提醒孫輩要有耐性**。

5、**安排長輩參加以年長者爲對象所開設的電腦或智慧型手機的課程**。由於學員年紀相當，程度也差不多，可一起交流，互相鼓勵；加上授課老師通常較能掌握年長者可能面臨的問題、進度和心理需求，有助長輩減少學習上的挫折感，享受新科技的樂趣。

6-3 跨越「心」界線

諮詢／董旭英（國立成功大學教育研究所所長）
楊美賞（前高雄醫學大學護理學系教授）
文／鄭碧君

先了解年長者行爲背後的原因，自己能先想到的問題便及時解決，他們先「心安」才能健康。同時幫助年長者「明白自我價値、發展興趣」，建立自信心！

從汲汲營營數十載的職場退下後，終於來到可以放鬆，好好享受過去辛勤工作成果的階段了！看似美好輕盈的退休生活，有些人卻反而感到空虛、缺乏動力，甚至憂鬱。爲什麼會發生這種情況？可以做些什麼呢？

Q：原本以爲退休後就自由自在。但是退休後的幾個月內，卻什麼事都不想做，長時間窩在家中，和家人越來越多衝突，怎麼辦？

國立成功大學教育研究所所長董旭英認爲，退休後和家人衝突變多，主要原因在於「沒做好規劃」、「欠缺安全感」。**人在找不到自我價值時，便容易否定、評斷或挑剔他人，進而引發衝突**。

無論是從教育或社會學、心理學的角度來看，退休是另一個新的人生階段，儘管已不太需要從事具生產性的經濟活動，但並非什麼事都不做。董旭英教授建議，在**正式告別職場之前，應事先規劃日後的退休生活**，譬如時間的安排、經濟來源或退休金處理、身體健康的維持、興趣發展，乃至於和家人之間的相處模式等。

同時也要讓家人了解自己的規劃，不可認爲「退休是我一個人的事」。因爲除非獨居，否則所有的抉擇，都會影響家庭其他成員。況且家人聽了之後，有時也會提出想法或建議，藉此也能了解到他們的想法或需要，例如子女可能會希望長輩能幫忙照顧小孩或分擔家務，這些都可一併納入退休生活的考量。

退休，代表不再擁有過去的收入與社會地位，此時應找尋工作以外的人生意義，透過發展個人興趣與休閒，豐富生活，並建立自我價值感。

Q：步入高齡階段，要獨處的時間可能越來越多，甚至獨居，社交活動減少，容易有孤獨感，該如何因應？

大部分這個階段的年長者，子女都已成家了，也忙於事業，孫子女可能也已經上學，不再需要長輩的支援，甚至有些人還面臨配偶已離世，因而產生孤獨和失落感。

董旭英教授提醒**老年人應培養「獨處」的能力**，這包含兩個層面：

1、**能自己獨處，能處理自己生活的大小事**，譬如一個人吃飯、一個人買菜、一個人看醫生……。不少人會希望年紀老了有人陪伴，這是很正常的。有需要時可以向家人提出來。但其實有很多狀況，自己都能單獨完成，未必要有人陪同。

2、**能在人群裡獨處**，比方自己一個人前往人多熱鬧的地方，像是到咖啡廳享用一個人的下午茶、看本書，**同時保持對周遭人群的觀察或關懷，試著讓獨處更自在**。

此外，**「移動」也能降低孤獨感**，例如出門去參加社區活動、學習團體等，藉接觸和自己有共同興趣的人來結交新朋友，提升歸屬感。當然，既有的朋友也別忘了要多互動。也就是要把社交活動當成日常生活的一部分。

Q：有些年長者很沒有安全感，可能會一直叨擾親友，爲的是確保別人沒有忘記他，並保證會給他即時的照護，但這已干擾了親友的日常生活。該如何協助長者建立安全感呢？

前高雄醫學大學護理學系教授楊美賞以自身經驗分享，婆婆身體健康時很獨立，還能幫忙照顧孫子女。後來因罹患慢性肺氣腫，經常怕自己突然之間喘不過氣，來不及與家人道別就走了，因而沒有安全感。子女察覺到婆婆的擔憂，就幫她在房內電話加裝特殊裝置，只要輕壓按鈕，就能立即撥通子女聯繫，她才比較放心。楊美賞老師提醒，**長者的至親或主要照顧者，應先了解長**

者行爲背後的原因，並及時爲他們解決，畢竟年長者要「心安，才能健康」。

董旭英教授認爲，**幫助長輩「看到自我價值、建立自信心」**相當重要，而這裡所說的「價值」並非一定要有什麼特殊的作爲或成就。平日生活中，任何他可以幫得上忙的地方，皆有其價值，譬如當他能協助準備晚餐，或幫忙照顧孫子女，都要不吝給予感謝。另外，個人的獨特性也是一種價值，例如有的長者對人特別有耐心，或是總是能把孩子逗得很開心，**晚輩都要即時讚賞他與衆不同的特質。**

還可以幫助長輩培養出新的興趣，或是挖掘他年輕時感興趣但無暇參與的活動。一旦長輩投入其中，自然就帶來成就感。亦可鼓勵長輩從事志願服務，在幫助他人的過程中看到自我的價值。也有研究發現，老年人參與志願服務可刺激大腦，改善認知功能。如果一開始老人家興趣缺缺、提不起勁，最好有家人陪同前去，待長輩逐漸熟悉後，就鼓勵年長者去拓展他自己的社交圈。

Q：大腦功能退化讓年長者記憶力減退，壓力與負面感受隨之產生，影響日常生活，連說出來的話都是負面的，怎麼幫助他？

董旭英教授指出，要減少年長者們的負面感受，**「建立自我價值」**與**「發展興趣」兩大面向仍是重點**，與其互動的幾個技巧如下：

1、多鼓勵，並盡可能幫助長者每天留存一些美好的回憶。譬如：當他和孫子女玩得很開心時，爲他們拍下照片；當長輩心情不錯時，請他寫下一句話形容當下的感受，並慢慢累積做成一本類似日記的紀錄，**讓他能隨時提醒自己，生活裡常有好事發生**。

2、平常聊天時，不妨**刻意談及他過往快樂的經驗**，陪著他一起回顧往昔。

3、當他碰到挫折或不開心的事件時，引導他從中找出正向意義，例如：**聚焦於「現在我們可以做什麼事」**，也就是說當碰到不愉快的事情時，某些部分是沒法改變的，但某些部分則可以改善，我們需要引導長輩專注在可努力改變之處，進而付出實踐。

4、**適當運動**有助增加大腦血清素濃度，使人穩定情緒及愉悅，**提升正面思考的能力**。

編輯後記一

幸福老・鹿楓堂的景緻

文／葉雅馨（董氏基金會心理衛生中心主任暨大家健康雜誌總編輯）

我媽媽這陣子最喜歡Netflix的日劇「鹿楓堂」，不時會重複看，她說因為四個年輕男主角很古錐，又常有笑臉，劇中好多食物看起來「歐伊希索～」（美味しそう）。其中一集劇中有一段對話：「隨著年齡增長，遇見各種離別場合的機會越來越多，人生在世這也是難免，但還是會覺得寂寞啊！不過，想起共同渡過的時光，想到我們曾經一起活過……！」我想，寂寞若有記憶和生活中各種有滋有味的景緻相伴，就是一種幸福。

我的媽媽是屏東醫院的護理師，六十歲退休後，才和老爸北遷而居住在台北，和她三對女兒女婿就近生活相處。南部的親戚朋友個個勸她不要這麼大變動，會不適應……，但她打定主意，就把原本打算投資的房子變成自住。她有很多自己的興趣，編織、做衣服、料理（特別是魯肉、炸豬排、糖醋魚），和老爸追日本時代劇……。她凡事喜歡自己動手，近九十歲的她甚至鋪床都喜歡自己來。市場上有 iPad 不久，孫女詩艷就貼心送她一個，所以看 LINE、視訊成了她的日常之一。另外，看報、看電視新聞與政論節目、看 Netflix 等，也讓她與社會各個議題沒有脫節。

其實，身邊也有不少像我的媽媽一樣的長輩，退休後做著自己喜歡的事，維持生活的規律，過得怡然自在。他們不見得身體健康或體力好，很多甚至患有慢性病，也有長輩的親人或伴侶已過世，不過，他們並沒有心懷擔憂與恐懼，而是悠然安度老後生活。我們與寶佳基金會合作出版《「老」得好——人生冬天的景緻》，希望帶給讀者另一種新的視野看待「老」，「老」並不一定會和衰弱、無趣、不快樂、不活躍畫上等號。老化過程的確會經歷未曾預期的失去與失落事件，像書中的玉蘭阿嬤和朱奶奶，原都是久病丈夫或兒子的主要照顧者，丈夫、兒子的突然逝世，他們都經歷一段很長的悲傷復原期，經由家人、社福單位志工的耐心陪伴，朱奶奶決定嘗試走出家門，買菜、到公園運動，改變現況。但是喪偶近兩年的玉蘭阿嬤卻依然足不出戶、提到阿公就眼淚掉不停，家人也不知道該怎麼辦。

本書透過受訪者的眞實分享，呈現罹患慢性疾病、失親、喪偶、離婚、獨居等等老後將會面臨的景象。本書中，我們看到長輩如何爲老後生活積極預備，例如從陪伴母親過程中學習認識「老」的陳大哥、興趣廣泛、學習不綴的獨居胡老師、與病共存的燕芳老師。他們早早開始儲備自己因應老化的身心健康能量，正視老的影響與改變，接納自己老後的狀態，活得各有一番風景。其實要怎麼面對及因應這些失落事件，我們依然可以選擇。

他們的故事提供我們知道怎麼陪伴家中的長輩正向老化，例如，鼓勵長輩學習與應用3C產品，耐心陪著他們重複練習使用，當他們學習上手，就有動力維持社會連結與人際互動；陪他們做喜歡的事情養成規律，不論是追劇、看新聞、攝影、烹飪……，如常生活讓心情穩定。再則要聽他們說他們的故事，重提當年勇，這不只是一種聊天話題，也讓他們能重溫美好時光，帶來愉悅。

雖然我們已身處高齡社會，很多人還是不能接受「老」、很少感受「老」的怡然與從容，不認可「老」後的自我價值。人生如果像春夏秋冬，並不是所有人都有機會經歷全程，所以「老年，可說是一生最福氣的階段」，值得懷抱「老得好」的想望，有信心地面對老後生活。

一次和我媽媽看日本ＮＨＫ電視台訪問百歲正在菜園採收的阿嬤，最想做什麼，她說：「都好啊。」不過認眞想了後說：最想大口吃塊滷肉，有肥油的那種！

可不是，其實不需要教高齡者如何養生，如何過日子，他們自有一套方法。我們反而要自覺，同時陪長輩去感受或享受他們的日常，就會聞到那一股幸福味。

「老」得好——人生冬天的景緻

總編輯／葉雅馨
審訂／陳質采（衛生福利部桃園療養院兒童精神科醫師）
採訪撰文／林稚雯、黃素娟、黃苡安、鄭碧君
諮詢受訪／杜家興（衛生福利部嘉南療養院臨床心理師）
（照姓氏筆畫順序排列）
李玉嬋（國立台北護理健康大學生死與健康心理諮商系教授）
呂依真（昭質心理諮商所所長）
林家興（國立臺灣師範大學教育心理與輔導學系兼任教授）
陳盈縈（嘉義縣長照管理中心照管督導）
黃宗正（國立臺灣大學醫學院附設醫院精神醫學部主任）
楊美賞（前高雄醫學大學護理學系教授）
董旭英（成功大學教育研究所所長）
賴德仁（中山醫學大學附設醫院身心科醫師）
賴素月（嘉義縣長照管理中心照管專員）
執行編輯／戴怡君
校潤／呂素美
編輯／蔡睿縈
美術設計編排與插畫／呂德芬

合作出版／寶佳公益慈善基金會

發行人暨董事長／張博雅
執行長／姚思遠

法律顧問／首都國際法律事務所

出版發行／財團法人董氏基金會《大家健康》雜誌
地址／台北市復興北路 57 號 12 樓之 3
服務電話／ 02-27766133 #253
傳真電話／ 02-27522455、02-27513606
大家健康雜誌網址／ healthforall.com.tw
大家健康雜誌粉絲團／ www.facebook.com/healthforall1985
郵政劃撥／ 07777755
戶名／財團法人董氏基金會
總經銷／聯合發行股份有限公司
電話／ 02-29178022 #122
印刷製版／緯峰印刷股份有限公司

出版日期／ 2022 年 10 月
定價／新臺幣 300 元

國家圖書館出版品預行編目 (CIP) 資料

「老」得好：人生冬天的景緻／
林稚雯，黃素娟，黃苡安，鄭碧君採訪撰文；
葉雅馨總編輯.
-- 臺北市：財團法人董氏基金會《大家健康》雜誌，
2022.10
面；　公分. --（健康樂活；18）
ISBN 978-986-97750-9-0（平裝）
1.CST: 老人學 2.CST: 老化 3.CST: 生活指導
544.8　　　　111016063